भारतीय कविता में राष्ट्रप्रेम

भारतीय कविता में राष्ट्रप्रेम

डॉ. अर्जुन शतपथी

PUBLICATIONS

कल्पज़ पब्लिकेशन्स

दिल्ली - 110052

भारतीय कविता में राष्ट्रप्रेम

ISBN : 81-7835-171-4

प्रकाशन वर्ष 2003
कल्पज़ पब्लिकेशन्स
सी-30, सत्यवती नगर, दिल्ली-110052
अक्षर मुद्रांकन : वर्ड डिजाइन
मेहरा ऑफसेट प्रैस

उन सपूतों की स्मृति को
जिन्होंने देश के लिए
अपना बलिदान दिया है।

अनुक्रम

प्राक्कथन

स्वतंत्रता जागृति है तो परतंत्रता का दूसरा नाम सुषुप्ति है। जाग्रत चेतना सदा मन, बुद्धि और विवेक का विषय है, अपितु आत्मा को संवेदित करने वाली मानसिकता है। भारतीय मनीषा सनातन, शाश्वत, अखण्ड और गतिमान है। उसका प्रत्यक्ष प्रमाण आकुमारी हिमालय मिलता है। देश के भौगोलिक घटकों–हवा, पानी, जमीन, पेड़-पौधे, पहाड़ से रजकण तक सब कुछ में, सांस्कृतिक महानता में एकात्मता देखने को मिलती है। अतीत में जब-जब नियति की क्रूरता की मार पड़ी भारतीय आत्मा ने शेष धरती के लिए सहानुभूति के आँसू बहाएं हैं, दूसरों को प्रेम से गले लगाया है। ये बातें भारतीय जाग्रत चेतना और हृदय की विशालता के द्योतक हैं। प्रस्तुत महान् सांस्कृतिक परिप्रेक्ष्य में आज से कुल सौ वर्ष पहले एक राष्ट्रीय जन जागरण का सूत्रपात हुआ था जिसे राष्ट्रीय स्वतंत्रता आंदोलन कहा जाता है। वह आंदोलन बीसवीं शताब्दी को छूते ही भयानक हो गया था। बीसवीं शताब्दी निरवधि काल के महाप्रवाह में विलीन होकर अपना अस्तित्व खो चुकी है। समय प्रवहमान प्राकृतिक सत्य है जिसे न कोई अपनी शक्ति से रोक सकता है अथवा बांध सकता है। किंतु समय के बीत जाने पर भी उसके पगचिह्न दीर्घ काल तक अमिट रह जाते हैं। यह सत्य है कि बीसवीं शताब्दी फिर लौट कर कभी नहीं आएगी। फिर भी भारतीय जनमानस में उसकी स्मृति बार-बार आती रहेगी। भारतीय जीवन के संदर्भ में बीसवीं शताब्दी को दो खण्डों में विभाजित किया जा सकता है और दोनों प्रखण्ड बराबर घटना-संकुल हैं, इसमें संदेह नहीं है। प्रथमार्द्ध का इतिहास घोर राष्ट्रीय संघर्ष का दस्तावेज है। राष्ट्र ने राजनैतिक मुक्ति के लिए कठोर परीक्षा का सामना किया था। स्वतंत्रता के लिए भारी मूल्य भी चुकाना पड़ा था। अंग्रेज सरकार के घातक दमन चक्र को झेला। हत्या, गणहत्या, गृहदाह, लूट,

आर्थिक, मानसिक, शारीरिक शोषण, व्यभिचार तथा अतिचार की यातना के हलाहल को अमृत का प्याला समझकर बेझिझक पान किया। हंस-हंस कर फांसी पर चढ़ा। खैर, बिना रक्तपात के स्वतंत्रता नहीं मिलती है। बिना वैचारिक और भावात्मक एकता के स्वराज मिलता नहीं है। भारत में जो अभूतपूर्व जन जागरण पैदा हुआ उसे देखकर विश्व की अति प्रतापी अंग्रेज साम्राज्यवादी शक्ति भी परेशान हो गई। अंत में सन् 1947 में भारतीयों को सत्ता-सौंप दी। यह है, बीसवीं शताब्दी के प्रथमार्द्ध के संघर्ष की संक्षिप्त कथा।

द्वितीयार्द्ध के संघर्ष की कहानी अलग है। उसे हम झेलते आ रहे हैं, झेल रहे हैं जिसका प्रस्तुत प्रसंग में उल्लेख करना अनावश्यक है।

प्रस्तुत प्रसंग में एक प्रश्न मन में बराबर उठता है। वह यह है कि क्या भारतीय क्रांति का इतिहास याने विस्तृत या संपूर्ण इतिहास लिखा जा चुका है? सचमुच में इतिहास तो लिखे गये हैं कई रूपों में और कई जिल्दों में। वस्तुतः वह राष्ट्रीय आंदालेन इतना व्यापक, सघन, भयंकर, और लंबा था कि राष्ट्रव्यापी संघर्ष को लिपिबद्ध करना सरल कार्य नहीं है। आज तक जितना भी प्रयास किया गया है उसे पर्याप्त नहीं कहा जा सकता है। क्योंकि इतिहास में आने वाली पीढ़ियों के लिए सब कुछ का विवरण होना चाहिए। भावी पीढ़ी को सभी तबके की क्रांति चेतना की पहचान होनी चाहिए जैसे-किसान-मजदूरों की क्रांति चेतना, व्यापारी वर्ग की क्रांति चेतना, विद्यार्थी समाज की क्रांति चेतना, संपन्न, असंपन्न, ग्रामीण, शहरी, धार्मिक वर्गों की क्रांति चेतना आदि का ब्यौरेवार वर्णन अपेक्षित है। जब तक भारतीय सभी वर्गों तथा क्षेत्रों की, ग्रामों और जनपदों की चेतना का संकलन नहीं होगा तब तक इतिहास को अधूरा माना जाएगा ही।

साहित्य की जमीन इतिहास से अलग है। इतिहास तो यथातथ्यता को ध्यान में रखकर स्थान, काल, नाम के सीमित दायरे में घटना को देखना चाहता है। साहित्य पारदर्शी कला है। भौतिकता का आवरण फाड़ कर स्थूल घटना विन्यास के परे मन, बुद्धि और आत्मा के संदर्शन में साहित्य विश्वास करता है। वह मानवीय चेतना के तहत पोषित निरंतरता की खोज करता है जो सत्य और सौन्दर्य से

अभिषिक्त और शिवत्व से विभूषित हो। इस प्रकार साहित्य साहित्य है और इतिहास इतिहास है-दोनों की प्रवृत्तियाँ अलग हैं। इतिहास की तुलना में साहित्य अधिक विश्वसनीय है। साहित्य किसी भी भाषा में, किसी भी क्षेत्र में लिखा जा सकता है। यह भाव, विचार और मानवीय संवेदना का सुन्दर सौध है। चूंकि मानवीय भाव संवेदना एक और अभिन्न है, साहित्य रचना में एक रूपता ही मिलती है। भारतीय स्तंत्रता आंदोलन में अगणित भारतीय कवियों ने अपनी सक्रिय भागीदारी ली थी जिन्होंने अपने कवि-कर्म को भुलाया नहीं था। भारतीय कवि चन्द बरदाई का वंशज है जिसके एक हाथ में कलम है और दूसरे में तलवार। सहभागी होने के कारण उसकी प्रत्येक अभिव्यक्ति सत्य से अनुप्रेरित, मानवता से अनुप्राणित और जनहित से संस्कारित है। कविता साहित्यिक अभिव्यक्ति की सर्वश्रेष्ठ विधा है। अतः कविता में ही भारतीय कविता का सार्वजनीन और सार्वकालीन स्वर खोजना चाहिए।

यह सर्वमान्य बात है कि भारत एक विशाल भूखण्ड होते हुए भी देश भर के कवियों में एक समान विचारधारा और भावधारा मिलती है। राष्ट्रप्रेम की भावना न किसी में कम और न किसी में भिन्न है। स्वतंत्रता आंदोलन के दौरान देश भक्ति की लहर देश के एक कोने से दूसरे कोने तक फैल गई थी और कवियों ने अपने-अपने ढंग से अभिव्यक्ति दी थी। उर्दू शायरी में संपूर्ण भारत का राजनैतिक इतिहास सुरक्षित है। सिंधी कवि किसन चन्द ''बेबस'' की कविता झोंपड़ियों में आम जनता की तलाश करती है और शोषित-पीड़ित किसानों की त्रासदी से साक्षात्कार करती है। पंजाबी कवि भाई वीरसिंह कहते है कि गुलामी के जीवन में तो दिन-दहाड़े डाके पड़ते हैं। कवि ''गड़गज'' की वाणी से उनकी अनन्य राष्ट्रीयता का परिचय मिलता है। वे कहते हैं- यदि फांसी का रस्सा गले में कसते समय दर्द होगा तो मैं यही सोचूँगा कि यह देश का दर्द है।'' इससे बढ़कर देश प्राणता और क्या हो सकती है? गुजराती मुसलमान कवि शायदा लिखते हैं-

मकबरा जईबे जुओ जेमां सुना सुल्तान छे
कब्रधी कहेशे अमारों देश हिन्दुस्तान हो।

मकबरे और कब्र कहते हैं कि हमारा देश हिन्दुस्तान है। इससे अधिक मर्मस्पर्शी राष्ट्रीयतावादी स्वर और क्या हो सकता है?

मराठी के अमर कवि केशवसुत की ओजस्वी वाणी आज भी परिवेश में गूँजती-सी लगती है। उनकी प्रखर चेतना से निकली प्रखर कविता हिन्दी में भी दुलर्भ है। ''तुतारी'' में वे लिखते हैं - ''मुझे एक ऐसा बिगुल ला दो जिससे मैं सारी जनता को जगा दूँ। सभी ओर एक नई चेतना फैला दूँ।'' अमर शहीदों के प्रति भक्तिपूर्ण श्रद्धासुमन-अक्षत अर्पित करने वाले नमस्य कवियों की सूची है जिन्होंने पूर्व-पश्चिम, उत्तर-दक्षिण आदि आंचलिकता को मिटा दिया है। उत्तर में जब राष्ट्रकवि मैथिलीशरण जी ''भारत भारती'' की रचना कर रहे थे, दक्षिण में वरेण्य राष्ट्रकवि चे. भानुमूर्ति ''शरत दर्शनमु'' की रचना में व्यस्त थे। कश्मीर के कवि मजहूर, गुजराती कवि मेधाणी तथा उमाशंकर, पंजाब के राष्ट्रकवि भाई वीर सिंह, मराठी के कुसुमाग्रज, तमिल के सुब्रह्मण्यम् भारती, ओड़िया कवि उत्कलमणि गोपबंधु दास आदि चिर स्मरणीय हैं। यह कौन नहीं जानता है कि पराधीन भावना ने बंगाल के कवियों के हृदय में आक्रोश की भावना भर दी थी। बंकिमचन्द्र का ''आनन्दमठ'' हमें बंदेमातरम् की शिक्षा देता है। वे देश प्रेम को धर्म और धर्म को देशप्रेम कहते थे। बंगाल की मिट्टी ने काजी नजरुल इस्लाम-जैसे विद्रोही कवि को भी जन्म दिया है जिसके प्रत्येक शब्द से चिनगारी बरसती है -

आमि महा प्रलयेर नटराज
आमि साइक्लोन, आमि ध्वंस।

कन्नड़ कवि कुवेंपु ने नजरुल के समान ज्वालामयी भाषा में विप्लवी काव्य की रचना की। ''विप्लवी मूर्ति'' काव्य में स्वयं विप्लव की मूर्ति बनकर लिखते हैं–

विलय का विप्लव मूर्ति हूँ मैं
काली हूँ मैं, रुद्र हूँ मैं

तांडव करने वाला भैरव हूँ मैं
बंदूक हूँ मैं गोली हूँ मैं
वीर का खड्ग हूँ मैं
बहते खून की वाहिनी हूँ मैं।

सुदूर दक्षिण के केरल में भी राष्ट्रकवियों का जन्म हुआ था जिन्होंने स्वतंत्रता के लिए जितना संघर्ष किया था उतना ही समाज सुधार के लिए भी किया। महाकवि वल्लतोल नारायण मेनोन एवं उल्लूर प्रातः स्मरणीय हैं। इससे यह स्वतः प्रमाणित हो जाता है कि भारतीय जनगण की क्रांति चेतना का जहां एक ओर भारतीय साहित्य में प्रतिफलन हुआ है, दूसरी ओर तत्कालीन भारतीय कवियों का आत्म संघर्ष भी लिपिबद्ध है। भाषाई भिन्नता बाधक नहीं बन सकी।

यह सब कैसे संभव हुआ ? यह प्रश्न बार-बार मन में उठता है। निःसंदेह यह सब हुआ गांधी जी के तेजस्वी और दूर दृष्टि से परिपूर्ण व्यक्तित्व के कारण। अनेक यातनाओं से घिरे मनुष्य को यातना मुक्त करने के लिए जो कवि प्रतिबद्ध थे वे महात्मा गांधी की विचारधारा से प्रभावित हुए थे।

भारतीय स्वतंत्रता आंदोलन से जो मूल्य उभरे, साम्राज्यवाद और साम्राज्यवादी शोषण से संघर्ष छेड़ने के लिए जिन औजारों की खोज यहाँ की गई, उन्हें आगे चल कर संपूर्ण विश्व के गुलाम देशों ने, पद-दलितों ने, शोषितों ने अपनाया और आज भी वे साधन उतने ही महत्वपूर्ण माने जा रहे हैं। भारतीय स्वतंत्रता आंदोलन की यह सबसे बड़ी उपलब्धि है। सत्याग्रह, असहयोग, अहिंसा, मित्रता, सहयोग और स्वदेशी की जो मूल्य चेतना उन दिनों उभरी थी, वह आज भी उपयोगी है।

भारत जैसे बहुभाषा-भाषी विशाल भू-खण्ड में काल-खण्ड विशेष में रचित विपुल काव्य साहित्य की प्रवृत्ति विशेष को विवेचक दृष्टि से समेकित करना अपने आप में कठिन कार्य ही नहीं, दुःसाहसिक भी है; क्योंकि सामूहिक प्रयास से ही यह संभव होता है। मनुष्य की इच्छाशक्ति सर्वोपरि है जो अंसभव को भी संभव करती है। देश को राष्ट्रीय एकता की आवश्यकता है। जब राष्ट्र उसकी तलाश में अंधकार में हाथ-पांव मार रहा है, यह सोचकर कि साहित्य राष्ट्रीय एकता का

सर्वश्रेष्ठ माध्यम है मैंने यह प्रयास किया। इसकी योजना मेरे मन में बहुत दिनों से थी, किन्तु गृहस्थी के जंजाल के कारण मैंने कर नहीं पाया था। आज से ठीक एक वर्ष पहले यह कार्य शुरु हुआ था। इस कार्य को संपन्न करने के लिए मुझे अनेक साहित्यकार मित्रों की सहायता लेनी पड़ी है। मैं उन मित्रों का ऋणी हूँ जिन्होंने समय-समय पर आवश्यक जानकारियां एवं सामग्रियाँ देकर मुझे प्रोत्साहित किया है। मैं अपने मित्र डॉ. सूर्य नारायण रणसुभे, लातूर (महाराष्ट्र) के सतत प्रोत्साहन और सहायता कभी भूल नहीं सकता।

यह कृति उन जिज्ञासु पाठकों के लिए है जो भारतीय कवियों की राष्ट्रीय चेतना से परिचित होना चाहते हैं। सुधी पाठक वर्ग इससे कुछ भी लाभान्वित हुआ तो मैं अपने श्रम को सार्थक मानूँगा।

श्रीरामनवमी, 2003 डॉ. अर्जुन शतपथी

1

असमिया कविता

आसाम प्रान्त की भाषा असमिया कही जाती है। अठारहवीं शताब्दी के अंतिम चरण और उन्नीसवीं शताब्दी के प्रारंभिक काल में आसाम का इतिहास अत्यन्त शिथिल एवं गतिहीन रहा। घरेलू विद्रोह, बर्मी आक्रमण और अफीम का घातक व्यसन इसके कारण हैं। सन् 1854 में जब समूचे आसाम को अंग्रेजों ने अपने अधिकार में ले लिया तब अपने गौरव के मद में डूबी आसाम की जनता की नीदं टूटी। जब होश आए तब तक अंग्रेजी थोपी जा चुकी थी। इस नीति के विरुद्ध पियलि फुकन मलिराम देवान, आदि ने विद्रोह किया जिन्हें फाँसी की सजा दे दी गई। आसाम ने इस प्रकार इस युग में केवल अपनी स्वतंत्रता को ही नहीं खो दिया अपितु भाषिक स्वतंत्रता भी जाती रही। सन् 1836 ई. में आसाम के स्कूलों तथा अदालतों से असमिया भाषा को निष्कासित कर दिया गया और उसके स्थान पर बंगला भाषा का प्रचलन किया गया। पादरी रेवरेन्ड नैथन ब्राउन और ओ. टी. कौटर ने धर्म प्रचार के लिए असमिया भाषा सीखी और असमिया की पहली पुस्तक प्रकाशित की। इसके पूर्व असमिया को बंगला की एक गौणभाषा मानी जाती थी जिसका कोई साहित्य नहीं था।

कई उठापटक के बाद सन् 1872 ई. में आनन्दराम ढेंकिया फुकन के प्रयत्नों से असमिया को अपना उचित स्थान प्राप्त हुआ। मसीही धर्म प्रचारकों के माध्यम से असमिया भाषा पनपी और साहित्यिक रूप प्राप्त कर सकी। आधुनिक असमिया साहित्य का इतिहास यह है कि पहले तो धर्म प्रचारकों और आसाम के कुछ लोगों

ने असमिया भाषा को उसका उचित स्थान दिलाया और फिर कुछ अधिक जागरुक लोगों ने यह अनुभव किया कि स्वाधीनता छीन जाने और उसके बाद की सामाजिक और आर्थिक दुर्दशा से देश की स्थिति क्या से क्या हो गई है? पर राष्ट्रीय भावना को परिपक्व रूप में प्रस्फुटित होने में कुछ समय लगा। राजा राममोहन राय के समकालीन श्री आनन्दराम ढेकियाल फुकन ने असमिया लोगों मैं राष्ट्रीय भावना फूँकी और उनमें जागृति लाई। सन् 1853 में मनीराम दीवान ने आसाम पर अंग्रेजों के अधिकार की विस्तृत आलोचना की। स्व. लक्ष्मीकांत बेजबरुआ को असमिया साहित्य के भारतेंदु और द्विवेदी के रूप में हम पाते हैं। हेमचन्द्र बरुआ और गुणाभिराम बरुआ आदि ने जो पंरपरा स्थापित की बाद के कवियों-लेखकों ने उसी का निर्वाह किया। गत और विगत शताब्दी के बीच रचना करने वाले कुछ लेखकों में देशभक्ति की यह भावना और भी स्पष्ट रूप से प्रखर और उत्कट रूप में प्रकट हुई। इस प्रकार की रचनाओं में साहित्यिक प्रतिभा न रही हो ऐसा नहीं है। हेमचन्द्र बरुवा के कार्यो को इन्होंने पूरा किया। वस्तुतः एक राष्ट्रीय कवि ये युग चेतना के मार्गदर्शन स्व. लक्ष्मीकांत बेजबरुआ के उदय से असमिया साहित्य में संजीवनी शक्ति आ गई, अपितु समग्रभाव जगत में नवीन स्पंदन छा दिया, एक नवीन चेतना का संचार किया। राष्ट्रीय जागरण की यह भावना देशभक्त कमलाकांत भट्टाचार्य के गीतों और लेखों मे मुखरित हुई। श्री भट्टाचार्य ने ''चिन्तानल'' नामक अपनी पुस्तक की भूमिका में लिखा था - ''न जाने असमिया कब एक होंगे।'' अपनी एक कविता में उन्होंने लिखा है - ''प्राचीन आसाम की शिल्प-कृतियों से प्रेरित होकर किसी न किसी दिन लोग पुनः गौरव प्राप्त करेंगे। उस दिन इस महत्वपूर्ण दिख पड़ने वाले प्रस्तर खंड से सैकड़ों मैजिनियों का जन्म होगा। सैकड़ों ''गौरीबाल्डी'' जन्म लेकर भारत भूमि को आलोकित करेंगे।'' इसी काल में ही मातृभूमि के प्रति ममत्व, उसके सम्मान की रक्षा के लिए आत्म बलिदान की प्रेरणा प्रत्येक हृदय में हिल्लोर लेने लगी थी। असमिया काव्य-साहित्य भी इसी युग में राष्ट्रीय कविताओं द्वारा सबसे अधिक

समृद्ध हुआ जिसका समारंभ इन्होंने ही किया था और आगे ''जोनाकी'' साहित्य गोष्ठी द्वारा विकसित हुआ।

चन्द्र कुमार अग्रवाल (1858-1938 ई.) लक्ष्मीकांत बेजबरुआ (1867-1938) और हेमचन्द्र गोस्वामी (1872-1928) इन तीनों महान लेखकों को वर्तमान असमिया साहित्य का निर्माता कहा जाता है। ''जोनाकी'' (जुगनू) नाम पत्रिका का शुभारंभ इसी मित्रमंडली ने कोलकटा में अध्ययन करते हुए किया था। उसने देशप्रेम की नई लहर से आधुनिक असमिया साहित्य में नवजीवन का संचार किया।'' स्वदेशप्रेममूलक ''वैरागी और वीणा'' की तरह कविता बहुत ही उच्च स्तर की है। सौंदर्य की खोज, मानव प्रीति, वेदान्तिक प्रभाव, नूतन समाज का आह्वान और आशावाद चन्द्र कुमार की कविता की विशेषताएं हैं।'' (डॉ सत्येन्द्र नाथ शर्मा, असमिया साहित्यर इतिवृत्त)

प्रारंभिक बीसवीं शताब्दी के सबसे प्रतिभाशाली लेखक बेजबरुवा हैं। उनके जीवन का अधिकांश समय हावड़ा और सम्बलपुर (उड़ीसा) में बीता। किन्तु वे चाहे जहाँ भी रहे हों उनका मन सदा आसाम के पार्वत्य रमणीय प्रदेशों में रमता रहता था। उनकी ''वैरागी और वीणा'' कविता असमिया में देशप्रेम संबंधी सर्वोत्कृष्ट रचना है। इसके कुछ भाव ये हैं :-

''ओ! वैरागी,
अपनी वीणा पर
मंद मधुर धुन छेड़,
मेरे हृदय को शांति मिले
तेरे शब्द, मैं नहीं समझ पाता
किंतु तेरी वीणा माधुरी
नस-नस में व्याप्त है मानो
जन्म-जन्मांतर से उसे ही सुनता रहा हूँ,
उस दूर लोक की मादक स्मृति
रह-रह कर जगाता तू

अपनी उस वीणा से
ओ वैरागी!"

उन्होंने कई ऐतिहासिक नाटक भी लिखे हैं जिनमें से दो हैं - "बेलिमार" (आसाम की स्वतंत्रता का सूर्यास्त) और "चक्रध्वजसिंह" जो रामसिंह की पराजय पर आधारित है। "मेरा देश" नामक उनका एक गीत संग्रह आसाम का राष्ट्रगीत स्वीकारा जा चुका है।

असमिया काव्यों में मधुसूदन के प्रभाव से राष्ट्रीय भावना को बल मिला। अम्बिका गिरिराय चौधरी सर्वतोमुखी प्रतिभा के धनी हैं वे राजनैतिक आन्दोलनकर्ता और देशभक्त हैं। उनकी "इन्द्र धनुष" की कुछ पंक्तियों में उन्होंने कहा है - "मैं विद्रोही! मैं आराधक!" इसमें उन्होंने सामाजिक दुर्गुणों की निन्दा की है। राजनैतिक बंदी के रूप में राय चौधरी ने जेल में राजनैतिक स्फूर्ति पैदा करने वाली अनेक कविताओं की रचना की है। इनमें रौद्र रस का प्राधान्य है। उनकी कविता की आरंभिक पंक्तियों हैं -

"मेरे गीत हर्ष या आह्लाद के नहीं
जिनसे श्रान्त भुजाओं में स्फूर्ति आ जाये।
मेरे स्वर अग्नि वीणा के स्वर हैं
जिसकी ज्वाला से शिथिल और
द्रुतगामी दोनों ही में स्फूर्ति का
संचार होता है।"

विनन्द्र चन्द्र बरुआ की रचनाओं में देशप्रेम का बाहुल्य है। ये राष्ट्रीय चेतना के कवि हैं। "शंखध्वनि" और प्रतिध्वनि, "रंगाभुवावीर", "आगिया ठुठिर वीर" जैसी मनोरम देशात्मबोधक करुण रस से सिक्त कविताएँ संग्रहीत है।

शैलधर राजरखोवा ने भी सुन्दर देशप्रेम प्रेरक रचनाएं की हैं।

सूर्य कुमार भुइयाँ की "आपोनसुर" कविता एक उल्लेखनीय आह्वान-रचना (ओड़) है जिसमें प्रेम का गुणगान किया गया है। उनकी "टिपामर डेका",

"असमगौरव", जैसी देशप्रेममूलक विवरणात्मक कविताओं ने अत्यन्त ख्याति पायी है।

डिम्बेश्वर मेओम् की रचनायें वर्णनात्मक हैं। "इन्द्रधनु" "शापमुक्ता", "स्वर्गपुरी", "मोरगाँव", "बुरजी लेखक" जैसी उनकी उच्चकोटि की देशप्रेम मूलक कवितायें हैं।

1942 ई. के आन्दोलन के पश्चात् नवयुवक समाजवाद की ओर झुके और मार्क्सवादी सिद्धांतों की ओर आकृष्ट हुए। उनके दृष्टिकोण में स्पष्ट परिवर्तन आया। आधुनिक असमिया साहित्य में जो राष्ट्रवादी चेतना आई थी उसके कारण समय-समय पर दलित लोगों की आवाज मुखर हो उठती थी। अब उतनी भाव-प्रवणता नहीं रह गई। 1946 में आधुनिक असमिया कविता का जो काव्य संग्रह निकला उसमें तरुण लेखकों ने पूंजीवादी शोषण और जाति भेद के विरूद्ध आवाज उठाई और परिस्थितियों को बदलने का बीड़ा उठाया। ज्योति प्रसाद अग्रवाल की रचनाओं से प्रकट यह होता है कि किस प्रकार एक देशभक्त कवि देशभक्ति की उमंगों को छोड़ स्वयं सेनानी बन गया। उनके बाद के गीत क्रांतिमूलक हैं। नई कविता का स्वर अटूट आत्मविश्वास और जीवन संघर्ष से मोर्चा लेने के उत्साह का स्वर है। केशव महन्त की कविता इस प्रकार है–

"मृत्यु पर भी विजय प्राप्त करने वाले अमर वीर
जिनके नाम पर नये युग के नये इतिहास रचे जाते हैं,
कभी मरते नहीं।
आज दिन भी जीवित हैं,
युग-युगान्तर में मृत्यु पर विजय प्राप्त करते हुए,
जीवन-ज्योति को उन्होंने जलाये रखा है।

हितेश्वर वरबरुआ की "मुख्य गामारु" में यशोगान एवं राष्ट्रीयता का उद्‌घोष मुखरित हुआ है। इनके काव्य राष्ट्रीय भावनाओं से ओतप्रोत होने के कारण अत्यन्त प्रभावोत्पादक है।

नीलमणि फुकन का अंतिम ग्रंथ ''शतधारा'' है जिसमें गांधी जी और बिनोवा जी से प्रभावित कवितायें हैं।

दंडिनाथ कलिता के ''असम-संध्या'' काव्य में असम की स्वतंत्रता-रवि के डूबते क्षण का मार्मिक वर्णन है अर्थात ''आहोम'' के अंतिम राजा चन्द्रकान्त सिंह को लेकर ही यह काव्य रचा गया है।

पद्मधर चलिहा ने सन् 1921 में ''स्वराज्य संगीत'' कविता लिखी जो बड़े ही आदर के साथ लोगों के मुंह से गाई गई।

लक्ष्मीनाथ फुकन का 'ब्रह्मपुत्र के प्रति'' देशप्रेम मूलक कथा काव्य है -

कवयित्री नलिनीबाला देवी की ''परशमणि'' जैसी राष्ट्रीय कविताओं द्वारा कवि के देशप्रेम की झलक भी स्पष्ट होती है।

अतुलचन्द्र हजारिका की ''पांचजन्य'' कृति में कवि की राष्ट्रीय चेतना उद्घोषित हुई है।

प्रसन्न लाल चौधरी की कविताओं में स्वदेश प्रीति की उद्दाम कामना है। ''इनका विद्रोह यौवन का विद्रोह है, कंकाल सदृश किसान का विद्रोह है।'' (डॉ. निओम)

असम के लोकप्रिय नेता स्व. तरुणराम फुकन के आइमोर असमे कविवर नवीनचन्द्र बरदलै के ''श्याम वरणीया असम आइ धुनिया'' डेका गामरुर दल' जैसे अत्यन्त प्रभावोत्पादक देशप्रेम मूलक गीत है।

गणेश गें ने उच्चस्तर की कई कविताओं की भी रचना की थी। देवकांत बरुआ की कविताओं का प्रारंभ बन्धनहीन नग्न आकांक्षा से हुआ और अन्त जड़ संस्कारों से मुक्ति की उदग्र आकांक्षा के साथ। इसी में ही अतीत गौरव और राष्ट्रीय चेतना का तूर्यनाद भी सुनाई पड़ता है। तिरस्कृत प्रेम विद्रोह बाद में देश-मातृका की सेवा में लगकर पूर्णता प्राप्त करता है और ''लांचित फुकन'' जैसी कविता के द्वारा उस समय के जनचित्त को प्रभावित करता है।

इसी तरह असमिया कविता में स्वाधीनता आन्दोलन की तीव्रता है। भारतीय राजनैतिक रंगमंच पर गांधीजी के आविर्भाव से छुआछूत का त्याग, वर्ण-भेद, दूरीकरण की शिक्षा का प्रचलन, आर्थिक समता का स्थापन, अतीत गौरवगान, ''गांधी दर्शन आदि अन्तः स्वर मुखरित होते हैं।

2

उर्दू कविता

उर्दू राष्ट्रीय एकता की एवं गंगा-जमुनी संस्कृति की प्रतीक तथा कश्मीर से कन्याकुमारी तक समूचे देश में बोली और समझी जाने वाली एक सुन्दर, सुकोमल तथा मीठी लोकप्रिय भाषा है। जिसके बोलने या समझने वालों में विभिन्न जाति एवं समुदाय के व्यक्ति आ जाते है।

उर्दू भाषा एवं साहित्य में इस्लाम धर्म के अतिरिक्त हिन्दू, सिख, ईसाई आदि विभिन्न धर्मों के धार्मिक ग्रन्थों एवं धर्म गुरुओं का पूर्ण श्रद्धा के साथ उल्लेख मिलता है। उर्दू साहित्य का इतिहास देश की सामाजिक, राजनीतिक एवं सांस्कृतिक गतिविधियों, परम्पराओं एवं आन्दोलनों से परिपूर्ण है। देश को स्वतंत्र कराने, स्वतंत्रता-संग्राम को नई दिशा देने, देशवासियों, में एकता एवं देशप्रेम की भावना जागृत करने एवं अंग्रेज साम्राज्यवाद को भारत से उखाड़ फेंकने में भी उर्दू भाषा एवं साहित्य ने प्रभावपूर्ण एवं सराहनीय भूमिका निभाई है।

उर्दू भाषा ने ही सर्वप्रथम ''इन्कलाब-जिन्दाबाद'' का नारा दिया एवं ''सरफरोशी की तमन्ना'' का पाठ पढ़ा कर, हिन्दुस्तान को ''सारे जहाँ से अच्छा'' होने की गरिमा को बढ़ाया।

भारत पर नादिर शाह, अहमद शाह, सिकन्दर या अन्य बाहरी ताकतों का आक्रमण हो या आन्तरिक राजनीतिक पतन, 1857 ई. की क्रान्ति हो या प्रथम एवं द्वितीय विश्वयुद्ध की भयावाह विभीषिका, ''खिलाफत-तहरीक'' हो या ''भारत छोड़ो आन्दोलन'' हो अथवा ''1945 ई. का स्वतंत्रता-संग्राम'' हो,

परीक्षा की हर नाजुक घड़ी में उर्दू कवियों एवं लेखकों ने देश के प्रति अपनी राष्ट्रीय भावना अभिव्यक्त करके, अपनी जागरुकता का प्रमाण प्रस्तुत किया है। उर्दू कवियों ने जान की बाजी लगाकर देशहित एवं जनहित का नारा, ऐसे घुटन भरे वातावरण में लगाया जब आज की भांति निर्भीक एवं स्वतंत्र रूप से विचार व्यक्त करने की छूट नहीं थी। प्रेस-एक्ट एवं अंग्रेजों की सख्तियों ने कलम और जुबान पर ताले लगा दिए थे और उस समय देश को वह कल्पना भी नहीं थी जो आज है।

उर्दू कवियों ने केवल अंग्रेजों एवं बाहरी ताकतों के विरुद्ध ही आवाज नहीं उठाई बल्कि मुगल-साम्राज्य के पतन के कारण देश की सामाजिक, राजनीति एवं आर्थिक दुर्दशा को भी व्यंग्य का निशाना बनाया। अपनी रचनाओं में विशेषतः ''शहर-आशोब'' के माध्यम से जिन कवियों ने अपने अन्तःस्वर को अभिव्यक्त किया उनमें शाह मुबारक ''आबरू'', ''हातिम'', ''देहलवी'', ''कायम'', ''मिर्जा रफी, 'सोदा'', ''मीरतकी'', ''मीर'', ''मीरदर्द'', मिर्जा ''गालिब'' एवं जाफर अली ''हसरत'' आदि के नाम उल्लेखनीय हैं।

मुगल शासक औरंगजेब की मृत्यु (1707 ई.) के पश्चात जब उनके पुत्रों में गद्दी की लड़ाई के कारण मुगल-साम्राज्य की नींव कमजोर हो गई, केन्द्रीय शासन के पतन से कई भीतरी एवं बाहरी ताकतें उसके विरुद्ध प्रबल होने लगीं। सम्पूर्ण देश में अराजकता फैल गई। अंग्रेजों ने जो व्यापार हेतु भारत आये थे, स्थिति का भरपूर लाभ उठाकर अपनी क्रूरता एवं दोहरे मापदण्ड से वातावरण को और भी दूषित कर दिया। ऐसी नाजुक परिस्थिति में भी उर्दू कवियों ने मौन धारण न करके अपने तीखे तेवर स्पष्ट किये। उर्दू के प्रसिद्ध कवि ''मसहफी'' यह कहने पर मजबूर हुए :-

हिन्दौस्ताँ की दौलत हशमत जो कुछ भी थी
काफेरे फिरंगियों ने बतदबीर खींच ली।

जब अंग्रेजों ने अपने सिक्के चलाये तो, इस प्रकार कटाक्ष किया गया :-

क्या सस्ती कीमत हो गई टप्पे की राह की
दो पैसे मुण्डी बिकती है लन्दन के शाह की।

उर्दू के अधिकतर कवियों की रचनाओं में देश की दुर्गति एवं अराजकता का वर्णन मिलता है। उदाहरणार्थ सुप्रसिद्ध कवि मिर्जा गालिब का यह शेर प्रस्तुत हैः–

रोज इस शहर में एक हुक्म नया होता है
कुछ समझ में नहीं आता है कि क्या होता है।

दिल्ली की बरबादी का हाल ''मसहफी'' के इस छन्द से भी स्पष्ट होता हैः-

अतराफ में दिल्ली के ये लठमारों का है शोर
जो आये हैं बाहर से वो बशिकस्ता दहाँ है
और पड़ते हैं रातों को जो नित शहर में डाके
बाशिन्दा जो वाँका है न फरियादो फुगाँ है।

अन्तिम मुगल सम्राट बहादुर शाह ''जफर'' ने जो एक स्वतंत्रता सेनानी एवं कवि भी थे, दिल्ली के उजड़ने पर इस प्रकार आँसू बहाये हैंः-

न था शहर देहली, यह था चमन, कहो किस तरह का था याँ अमन
जो खिताब था वो मिटा दिया, फकत अब तो उजड़ा दयार है।

अंग्रेजों के कारण ऐसे हालात उत्पन्न हो गये थे कि बहादुर शाह ''जफर'' को जो हिन्दुस्तान के शासक थे, अपना जीवन बोझ लगने लगा था। तभी तो वे ये कहने पर मजबूर हुए थे किः–

न बबाल तन पे है सर मेरा, नहीं जान जाने का डर जरा
कटे गम ही निकले जो दम मेरा, मुझे अपनी जिन्दगी वार है।

और जब दुर्भाग्यवश उन्हें अपनी मातृभूमि में दफन होने का अवसर प्राप्त नहीं हुआ तो उन्होंने अपनी निराशा एवं बदनसीबी का मातम इस प्रकार कियाः–

कितना है बदनसीब ''जफर'' दफन के लिए
दो गज़ जमीन भी न मिली कूए-यार में।

ये थीं एक शासक, मजबूर एवं टूटे हुए व्यक्ति के दिल की दर्द भरी आवाजें। जब शासक की बेबसी का यह हाल था तो यह भलीभांति अनुमान लगाया जा सकता है कि जन साधारण की स्थिति कितनी दयनीय रही होगी।

1857 ई. की क्रान्ति (प्रथम स्वतंत्रता संग्राम) भारतीय राजनीति में नया मोड़ सिद्ध हुई। अंग्रेजों के बढ़ते अत्याचारों से उर्दू कवि डरे नहीं; बल्कि जान की परवाह किये बिना कमर कस मैदान में आ गए। उक्त क्रान्ति की लहर को जन-जन तक पहुंचाने में जिन उर्दू कवियों एवं विद्वानों ने प्रमुख भूमिका निभाई उनमें बहादुर शाह ''जफर'' के अतिरिक्त मिर्जा असद उल्ला खाँ ''गालिब'' मुहम्मद हुसैन ''आजाद'', इमाम बख्श सहबाई , मौलाना फजल हक खैराबादी, मुफ्ती सहरूद्दीन आजुर्दा, जनाब मुस्तुफा खाँ, ''शैफ्ता'', ''जहीर'' देहलवी, मुनीर शिंकोहबादी, नवाब मिर्जा, ''दाग़'' मीर मेहदी ''मजरूह'' एवं मौलाना अल्ताफ हुसैन ''हाली'' आदि के नाम सम्मिलित हैं।

1857 ई. की क्रान्ति की असफलता के कारण समूचे भारत पर अंग्रेजों का वर्चस्व स्थपित हो जाने से हिन्दुस्तानियों के भीतर अंग्रेजों के विरुद्ध आक्रोश उत्पन्न हो गया और वे प्रतिशोध की ज्वाला में सुलग उठे। देशवासियों की दुःखद स्थिति की अभिव्यक्ति उस समय की उर्दू कविताओं में भलीभांति हुई है। 1857 ई. लेकर 19वीं शताब्दी के अन्त तक के उर्दू साहित्य में इसी प्रकार की राष्ट्रीय भावना भरपूर है। परन्तु आगे चलकर कुछ दूरदर्शी हिन्दू एवं मुस्लिम कवियों तथा विद्वानों ने देशावासियों में नई चेतना उत्पन्न करने एवं उनमें सामाजिक, राजनीतिक, आर्थिक एवं सांस्कृतिक चेतना जागृत करके आत्म विश्वास उत्पन्न करने हेतु विभिन्न संस्थाओं का गठन किया जिनमें ''अन्जुमने पंजाब'' लाहौर, ''अन्जुमने हिमायते इस्लाम'' ''प्रार्थना समाज'' ''दक्कन एजुकेशनल सोसायटी'' ''देहली सोसायटी'' इत्यादि के अतिरिक्त सर सैयद अहमद खान के शैक्षणिक एवं सुधारवादी आन्दोलन ने अत्यन्त महत्वपूर्ण भूमिका निभाई। सैयद अहमद खान से सौभाग्यवश देश के चोटी के कवियों एवं विद्वानों ने जुड़कर अभियान को सफल बनाने के लिए भरसक प्रयास किया जिसके कारण मानव समाज का नाता प्रत्यक्ष

रूप से शिक्षा एवं साहित्य से सम्बद्ध हो गया। अब उर्दू कवि देशवासियों को साक्षर बनाने और उनके पिछड़ेपन को दूर करने में जुट गए। उनका ध्यान राजनीतिक, आर्थिक एवं सामाजिक समस्याओं के समाधान की ओर आकर्षित हुआ। समाज में आत्म विश्वास एवं जागरुकता उत्पन्न हुई। देशवासी राष्ट्र की मुख्य धारा में जुड़ने लगे।

ख्वाजा अल्ताफ हुसैन ''हाली'', मुहम्मद हुसैन ''आजाद'' एवं मौलाना शिब्ली नौमानी ने देशवासियों को अपने भव्य अतीत का स्मरण कराने एवं बदलती हुई परिस्थितियों से प्रभावित होकर समय की आवश्यकताओं के अनुरूप कविताएं लिखीं।

जब पश्चिमी संस्कृति के बढ़ते हुए प्रभाव ने हमारे सांस्कृतिक आदर्शों एवं परम्पराओं को छिन्न-भिन्न कर दिया तब उर्दू कवियों का हृदय व्याकुल हो उठा एवं उन्होंने उसकी सुरक्षा हेतु आवाज उठाई। मौलना 'हाली' ये कहने पर विवश हो उठेः-

कहते हैं मशरिक से जब होगा बरामद आफताब
अर्स-ए-आफाक़ आफाक़ में होगी कयामत जलवा गर।

''हाली'' ने अपनी कविता ''हुब्बे वतन'' (देश प्रेम) देश के प्रति आस्था एवं स्नेह प्रकट करते हुए कहा :–

तेरी एक मुश्तेखाक के बदले
न लूँ हरगिज़ अगर बहिश्त मिले

इसी कविता में वे आगे कहते हैंः–

छोड़ो अफ़सुर्दगी को जोश में आओ — बस बहुत सोये, उठो, होश में आओ
क़ाफिले तुम से बढ़ गये कोसों — रहे जाते हो सबसे पीछे क्यों?
इज़्जते कौम चाहते हो अगर — जाके फैलाओ उनमें इल्मों हुनर
अब न सैयद का इफ़्तखार सही — न ब्राहम्न को शूद्र पर तरजीह

कोई दिन में वो दौर आएगा बे हुनर भीक तक न पाएगा
न रहेंगे सदा यही दिन-रात याद रखना हमारी आज की बात।

''हाली'' ने देशवासियों को एकता का पाठ पढ़ाते हुए इस प्रकार सम्बोधित किया हैः-

हो मुसलमान इसमें या हिन्दू बुद्ध मजहब हो के या ब्रह्मू
सबको मीठी निगाह से देखो समझो आँखों की पुतलियाँ सबको।

''हाली'' ने देशवासियों में नई उमंग एवं शक्ति उत्पन्न करने हेतु एवं उनके अतीत का स्मरण कराने के लिए अपनी प्रसिद्ध कविता ''मुसद्दते हाली'' लिखी। इसके अतिरिक्त ''हाली'', शिब्ली एवं उनके समकालीन उर्दू कवियों ने विभिन्न स्थानीय विषयों पर लम्बी-लम्बी कविताएं लिखकर उर्दू में सुधारवादी एवं राष्ट्रवादी कविता का शुभारंभ किया।

1914 ई. में जब प्रथम विश्व युद्ध छिड़ा तो उर्दू कवियों ने अपनी हार्दिक एवं मानसिक भावनाओं को अभिव्यक्त किया। प्रख्यात कवि शिब्ली नौमानी की कविता ''जगे यूरोप और हिन्दुस्तानी'' अपने समय की खतरनाक कविता मानी गई जिसके कारण उनके विरुद्ध गिरफ्तारी का वारंट जारी हुआ। शिब्ली नौमानी का निम्न शेर, आज भी देश प्रेमियों की जबान पर हैः-

ये माना तुमको तलवारों की तेजी आजमानी है
हमारी गरदनों पे होगा इसका इम्तहाँ कब तक?

स्वदेशी-आन्दोलन के प्रति भी उर्दू कवियों ने अपने विचारों को कविताओं के माध्यम से प्रस्तुत किया। प्रसिद्ध व्यंग्यकार कवि ''अकबर इलाहाबादी'' ने जो पूर्वी संस्कृति के समर्थक एवं पश्चिमी संस्कृति के प्रबल विरोधी थे कहा :-

दाखिल मेरी दानिस्त में यह काम हे पुन में
पहुंचाएगा कुब्बत शजरे मुल्क की बुन में
तहरीके स्वदेशी थे मुझे वज्द हे ''अकबर
क्या खूब ये नगमा है छिड़ा देश की धुन में।

परन्तु ''स्वदेशी-आन्दोलन'' की सफलता के साथ-साथ देशवासियों की बेबसी एवं मजबूरियों का भी उन्हें भलीभांति आभास था। निम्न शेर इसके प्रमाण में प्रस्तुत है:-

कामयाबी पर ''स्वदेशी'' की हर एक दो बस्ता है
चोंच तोता राम ने खोली मगर पर परवशता है।

अंग्रेज लोग भारत में ''तोड़ो एवं राज्य करो'' की कूटनीति चलाते थे, ऐसी परिस्थिति में हमारे कवियों ने हिन्दू-मुस्लिम एकता की ओर अधिक ध्यान आकर्षित किया। अकबर इलाहाबादी ने पं. मदन मोहन मालवीय के अनुरोध पर निम्न पंक्तियाँ कहीं:-

मोहर्रम और दसहरा साथ होगा
निबाह इसका हमारे साथ होगा
खुदा ही की तरफ से है ये संयोग
तो क्यों रखें न बाहम सुलह हम लोग।

20वीं शताब्दी के आरम्भ के साथ सम्पूर्ण विश्व में एक नई लहर फैल गई। चीन, तुर्की एवं ईरान में क्रांतियाँ हुई, जापान ने रूस को पराजित करके यूरोपीय वर्चस्व का धमण्ड तोड़ा। उक्त परिस्थिति ने भारत के स्वतंत्रता-संग्राम पर भी अनुकूल प्रभाव डाला। उर्दू साहित्य उक्त क्रान्ति में प्रमुख भूमिका निभा रहा था। लाला लाजपत राय, जफर अली खाँ, हसरत मोहानी के अतिरिक्त कई विद्वानों एवं कवियों ने अपनी-अपनी कविताओं द्वारा भारतीय जनता का उत्साह बढ़ाया। मौलाना ''हाली'' एवं मुहम्मद हुसैन ''आजाद'' द्वारा प्रारम्भ की गई देश-प्रेम की भावना से प्रभावित होकर कवियों के अतिरिक्त डॉक्टर इकबाल, पं. बृज मोहन ''चकबस्त'' ''सुरूर'' जहां बायीं हामिद उल्ला ''अफसर'' इस्समाईल ''भैरवी'', ''सफी'' लखनवी ''जोश'' मलीहाबादी, ''सागर'' निजामी, तिलोक चन्द्र महरूम'', सिकन्दर अली ''वज्द'' पं. आनंद नारायण ''मुल्ला'' इत्यादि ने देशभक्ति पर आधारित रचनाएं रचीं।

सुप्रसिद्ध कवि डॉ. सर मोहम्मद ''इकबाल'' ने जिन्हें मातृभूमि के एक-एक कण मे देवत्व दिखाई देता था, अपनी दूरदर्शिता का परिचय देते हुए कह दियाः–

तुम्हारी तहजीब अपने खन्जर से आप ही खुदकशी करेगी
जो शाखे नाजुक थे आशियाना बनेगा नापाएदार होगा।

वे पश्चिमी संस्कृति के खोखलेपन को समझ गए थे; इसीलिए उन्होंने भारतवासियों के प्रति सद्भावना एवं परस्पर प्रेम का संदेश देते हुए कहा थाः–

शक्ति भी शांति भी भक्तों के गीत में है
धरती के वासियों की मुक्ति प्रीत में है।

जब कुछ देशवासियों ने उनके उक्त संदेश की अवहेलना की और वे अंग्रेजों के बहकावे में आने लगे तो उन्होंने कठोर स्वर में फटकारते हुए इस प्रकार जागृत करने का प्रयास कियाः–

न समझोगे तो मिट जाओगे अए हिन्दोस्ताँ वालो
तुम्हारी दास्ताँ तक भी न होगी दास्तानों में।

''इक़बाल'' पहले कवि हैं जिन्होंने अपनी कविताओं में सर्वप्रथम व्यक्तिगत आज़ादी का संदेश दिया। वे एक सच्चे देशभक्त कवि थे। उनकी कई कविताओं में देश प्रेम, भक्ति एवं श्रद्धा आदि का वर्णन मार्मिक एवं प्रभावशाली शैली में मिलता है। ऐसी कविताओं में ''राम'', ''हिमालय'', ''नया शिवाला'', ''गुरु नानक'', ''तस्वीरे दर्द'', ''तरानए-हिन्दी'' हिन्दुस्तानी बच्चों का कौमी गीत'' एवं ''शुआए-उम्मीद'' आदि के नाम प्रमुख हैं।

''इक़बाल'' की कविता ''तरानए हिन्दी'' में अपने देश को विश्व का सबसे अच्छा देश बताते हुए देशवासियों को इस प्रकार जागृत किया गया हैः–

मजहब नहीं सिखाता आपस में बैर रखना
हिन्दी है, हम, वतन है, हिन्दोस्ताँ हमारा।

वे भारतीय संस्कृति पर गौर प्रकट करते हुए कहते हैंः–

यूनानी, मिस्रो, रोमा सब मिट गये जहाँ से
अब तक मगर है बाकी नामो-निशाँ हमारा
कुछ बात है कि हस्ती मिटती नहीं हमारी
सदियों रहा है दुश्मन दौरे जमां हमारा।

देशवासियों में एकता, उत्साह, प्रेम एवं बलिदान की भावना उत्पन्न करने में उर्दू समाचार-पत्रों ने भी भरपूर येागदान दिया है। उस समय के अखबारों से कई-कई लेखक एवं कवि जुड़े होते थे। प्रसिद्ध अखबार "अखबारे आम" लाहौर से सम्बद्ध कवि ने यह पैगाम दिया थाः-

अए साकिनाने खित्तए हिन्दौस्ताँ बढ़ो
आगे निकल गये हैं, बहुत कारवाँ बढ़ो
ता नाम एशिया का जहाँ में बुलन्द हो
कांधे पे रख के कौम का ऊँचा निशाँ बढ़ो।

उक्त संदर्भ में सर्वाधिक महत्वपूर्ण नाम अखबार "अवध-पंच (लखनऊ) का है जिसने अंग्रेजों के विरुद्ध बढ़-चढ़ कर प्रचार किया था एवं जिससे संबंधित कवियों एवं लेखकों की एक लम्बी सूची थी। उनमें से पं. बृज नारायण "चकबस्त", "अकबर" इलाहाबादी, सैयद मोहम्मद "आजाद" आदि के नाम विशेषतः उल्लेखनीय हैं।

पं. बृज नारायण "चकबस्त" की समस्त रचनाएं देश प्रेम से ओतप्रोत होने के कारण उन्हें उर्दू का महान राष्ट्रीय कवि माना जाता है। उदाहरणार्थ उनके कुछ छन्द प्रस्तुत हैंः–

तलब फजूल है कांटे की फूल के बदले
न लूँ बहिश्त भी मैं होमरूल के बदले
वतनपरस्त शहीदों की खाक लाएंगे
हम अपनी आँख का सुरमा इसे बनाएंगे।

यूँ तो ''चकबस्त'' की सभी रचनाओं में देश की एवं राष्ट्रीय नेताओं की महानता, देश भक्ति एवं अंग्रेजों के विरुद्ध आन्दोलन की झलकियाँ दिखाई देती हैं, परन्तु जो कविताएं उन्हें उर्दू काव्य के इतिहास में सदैव जीवित रखेंगी उनमें ''ख़ाके वतन'', ''आवाज़ए कौम'' एवं ''वतन का राग'' आदि के नाम उल्लेखनीय हैं।

''सुरूर'' जहाँबादी की गणना भी उर्दू शीर्षस्थ राष्ट्रीय कवियों में होती है उनकी रचना ''फूलों का कुंज'' ने अध्यधिक लोकप्रियता प्राप्त की। ''जोश'' मलीहावादी जो ''शायरे इन्क़लाब'' (क्रान्तिकार-कवि) के रूप में जाने जाते है, की अनेक कविताओं में तीखे एवं तीव्र तेवर अंग्रेजों के विरुद्ध मिलते हैं। देश को स्वतंत्र करने हेतु अपने प्राणों को न्यौछावर कर देने वाले बहादुरों में राम प्रसाद ''बिस्मिल'' एवं अराफाक उल्ला खाँ के नाम भी सम्मिलित हैं, उक्त दोनों अमर शहीदों की गणना देश भक्त कवियों में होती है। अराफाक़ उल्ला को अपने देश के पराधीन होने का बड़ा दुख था, उन्होंने अपने मन की पीड़ा को इस प्रकार अभिव्यक्त किया है :-

वो गुलशन जो कभी आबाद था गुज़रे ज़माने में
मैं शाखे खुश्क हूँ याँ उस उजड़े गुलिस्तों की

राम प्रसाद ''बिस्मिल'' की जिस कविता में अंग्रेजों के विरुद्ध तूफान खड़ा कर दिया था, आज भी हर हिन्दुस्तानी की ज़बान पर हैः-

सर फ़रोशी की तमन्ना अब हमारे दिल में है
देखना है ज़ोर कितना बाजुए कातिल में है।

1928 ई. में ''साईमन कमीशन'' के भारत आगमन पर कड़ा विरोध करके उसका प्रतिरोध किया गया था। उर्दू कवियों ने भी उक्त अवसर पर कवितायें लिखीं। ज़फर अली खान ने डंके की चोट पर उसके सम्पूर्ण बाईकॉट की घोषणा इस प्रकार कीः-

हर कद़म पर हो कमीशन का मुकम्मल बाईकॉट
तूलो अर्जे मुल्क में डंके की चोट ऐैलान कर।

जब ''खिलाफत तहरीक'' एवं ''भारत छोड़ो आन्दोलन'' सम्पूर्ण भारत में अंग्रेजों के विरुद्ध तूफान खड़ा कर दिया तो उर्दू कवियों ने भी उक्त वातावरण को गरमाने में अपने तीखे तेवर व्यक्त किये। हसरत मोहानी, ज़फर अली खाँ, गुलाम भीक ''नैरंग'' आग़ा हश्र सैयद हाशमी फरीदाबादी, मुहम्मद अली, ''जौहर'' एवं कई अन्य कवियों ने उक्त दोनों आन्दोलनों के समर्थन में पूरे जोश के साथ आवाज़ उठाई।

''हसरत मोहानी एक सच्चे देश भक्त कवि थे, उर्दू गज़ल में राजनीतिक विचारों को सर्वप्रथम प्रस्तुत करने का श्रेय उन्हीं को जाता है। उन्होंने देश को स्वतंत्र कराने हेतु अनेकों आन्दोलनों में सक्रिय भाग लिया। जेल भी गए। जेल में रहकर भी कविता कहने का क्रम जारी रखा। स्वयं ही कहते हैं :-

हे मश्क़े सुखन जारी, चक्की की मशक्कत भी
यह तुफाँ तमाशा है ''हसरत'' की तबीयत भी।

''खिलाफत तहरीक'' के संस्थापक एवं उसके सब से बड़े समर्थक मौलाना मुहम्मद अली ''जौहर'' की देशभक्ति एवं सेवायें सर्वविदित हैं। वे एक सफल राजनीतिज्ञ होने के साथ-साथ उर्दू के योग्य एवं जोशीले कवि भी थे। वे जितने निड़र व्यक्ति थे, प्रत्येक भारतीय को भी उतना ही निर्भीक देखना चाहते थे। उनकी कलम की आवाज उनकी अन्तरात्मा की आवाज थी जो पढ़ने वालों के दिलों में उतर जाती थी। उन्हें अपनी मातृभूमि से जो प्रेम एवं लगाव था उसका उल्लेख शब्दों में नहीं किया जा सकता। देश की स्वतंत्रता के लिये उन्होंने अपना तन, मन, धन सब कुछ कुरबान कर दिया था। अंग्रेज से दुश्मनी एवं देश भक्ति के प्रमाण में उनके कुछ छन्द प्रस्तुत किये जाते हैं:-

ख़ाक जीना है अगर मौत से डरना है यहीं।
हवसे ज़ीस्त हो इस दरजा तो मरना है यहीं।।

गुलाम हिन्दुस्तान में आँख खोलने का उन्हें बड़ा खेद था वे अपने देश को हर कीमत पर आजाद देखना चाहते थे, अतः कहते हैं :-

जिसकी कफस में आँख खुली हो मेरी तरह
उसके लिए चमन की खिजाँ क्या, बहार क्या?

मौलाना मुहम्मद अली जौहर की रचनाओं में अंग्रेजों पर कड़ी नुक्ता-चीनी होती थी जैसे,

यह कैसी बज्म है और कैसे इसकी साकी हैं
शराब हाथ में है और पिला नहीं सकते।

या

जब नहीं वादे को ईफा से जरा भी सरोकार
फिर कमी क्या है तुम्हारे लिये इकरारों की

प्रसिद्ध कवि तिलोक चन्द्र ''महरूम'' ने देश पर बलिदान हो जाने वाले अमर शहीदों को अपने श्रद्धा-सुमन इस प्रकार अर्पित किये हैं:-

चश्मे ज़ाहिर बीं समझती है कि वे मर गये
हर हक़ीक़त मौत को फानी दो- साबित कर गये
जो वतन के वास्ते कटवा के अपने सर गये
खून से अपने रंग तस्वीरे वफा में भर गये।
फूल बरसाओ शहीदाने वतन की खाक़ पर।

देश को स्वतंत्र कराने हेतु, प्रेम एवं बलिदान की भावनाओं से प्रेरित उर्दू के जिन कवियों ने अपने अन्तः स्वर को प्रकट करते हुए अपनी रचनाओं को यादगार बना दिया है, उनमें ज़फर अली खाँ की ''इंडिया एक्ट 1935 ई.'', ''दावते-अमल'' एवं ''ऐलाने-जंग'', ''जोश'' मलीहाबादी की ''शिकस्ते ज़िन्दाँ का ख्वाब'', ''इंकलाब'' एवं ईस्ट इंडिया कम्पनी के फरजन्दों से, ''हसरत'' मोहानी की ''दावते अमल'', डॉ. इकबाल की ''नया-शिवाला'', ''असीरी'', ''तरानए-हिन्दी'' एवं ''सदाए खातून'', ''अकबर'' इलाहाबादी की ''इन्कलाब'', मोहम्मद अली

''जौहर'' को ''खूगरे कफ़न एवं ''आशियाँ बरबाद'', रघुपति सहाय ''फिराक़'' गौरखपुरी की ''आजादी'', लाला लालचंद्र ''फलक'' की ''बेदारिए' हिन्द'', महवी सिद्दिकी की ''वक्त ए बेदारी'', साग़र निजामी की ''पैगामे-अमल'', अहसान दानिश की ''तरानए-जिहाद'', मजाज़ लखनवी की ''इन्कलाब'' ''ओहगे नौ'' एवं ''विदेशी मेहमान से'', फेज अहमद ''फैज'' की ''चन्द रोज और मेरी जान'', सिकन्दर अली ''वज्द'' की ''नया गीत'' एवं ''सुबहे नौ'', मखदूम मुहीउद्दीन की ''आजादी ए वतन'', साहिर लुधियानवी की ''कल और आज'', अख्तर उल-ईमान की ''सवालिया निशान'', अली सरदार जाफरी की ''पैगामे बेदारी'', ''वक्त का तराना'', ''जम्हूर की ऐलान नामा'' एवं ''नई दुनिया को सलाम'', वामिक जौनपुरी की ''जनता की लड़ाई'', आनन्द नारायण ''मुल्ला'' की ''जमीने वतन'', जगन्नाथ नाथ ''आजाद'' की ''सुभाष चंद्र बोस'', जमील मजहरी की ''मौसम-के इशारे'', कैफी आज़मी की ''आखरी महबूबा'' एवं ''मुज़्दा'', जाँ निसार ''अख्तर'' की ''अए हमराही-ए- क़ाफिला'' एवं ''सवेदा'' इत्यादि स्वतन्त्रता-संग्राम के परिप्रेक्ष्य में लिखी गई ऐसी प्रभावशाली, महत्वपूर्ण एंव यादगार रचनाएं हैं, जो कालजयी हैं।

इस प्रकार, भारतवर्ष पर बाहरी शक्तियों के आक्रमण से लेकर 1857 ई. का प्रथम स्वतंत्रता संग्राम, प्रथम एवं द्वितीय विश्वयुद्ध, खिलाफत तहरीक, स्वदेशी-आन्दोलन, साईमन कमीशन का आगमन, एवं भारत छोड़ो आन्दोलन, सविनय-अवज्ञा आन्दोलन आदि हर अवसर पर उर्दू कवियों ने अपनी दूरदर्शिता, कर्तव्य परायणता, कर्मठता, जागरुकता, देश-भक्ति एवं देश-प्रेम का प्रमाण प्रस्तुत करके भारत को स्वतंत्र कराने एवं राष्ट्र-निर्माण हेतु ऐतिहासिक भूमिका निभाई है।

उर्दू कविता का इतिहास मानवता, सद्भावना एवं परस्पर प्रेम के गीतों से परिपूर्ण है। कलात्मक आधार पर उच्चकोटि की होने के अतिरिक्त, उर्दू कविता भारतीय परम्पराओं, आदर्शों, सांस्कृतिक एवं राजनैतिक आन्दोलनों का विश्वसनीय एवं गौरवपूर्ण दस्तावेज भी है, अतः यह कहना अनुचित न होगा कि उर्दू शायरी

में सम्पूर्ण भारत का राजनीतिक इतिहास सुरक्षित है। प्रसिद्ध कवि एवं विद्वान अली सरदारे जाफरी ने सत्य ही कहा है कि:–

"उर्दू वालों ने आज़ादी की जद्दो-जहद को कौमी दायरे तक महदूद नहीं रखा, उसके दायरे को बैन कोमियत से मिलाए और इस तरह एक ज्यादा जानदार और हमगीर शऊर को आम किया।"

एक लेखक के अनुसार:–

"सियासी शायरी और इबादत में कोई फर्क़ नहीं है।"

3

ओड़िया कविता

सन् 1921 में गांधी जी के नेतृत्व में स्वराज्य आन्दोलन एक वास्तविक स्वरूप लेने के बाद भारतीय जनता के प्राणों में गंभीर आशा और आस्था का उदय हुआ। उस आंदोलन ने साहित्य को अनेक प्रकार से प्रभावित किया था। उन्नीसवीं शताब्दी के अंतिम दशक एवं बीसवीं शताब्दी के प्रथम दो दशकों की अवधि में राष्ट्रीय भावना ओड़िया साहित्य के राधानाथ, फकीरमोहन, गंगाधर, नन्द किशोर आदि के काव्यों से उभर कर आती है। किन्तु सत्यवादी युग के कवियों ने 1909-1920 के बीच भारतीय स्वतंत्रता आन्दोलन की चेतना को अपनी-अपनी कविताओं में स्वरायित-गुंजरित करने के बदले ओड़िया भाषा-भाषी क्षेत्र के एकीकरण और ओड़िया जातीयता के पुनरुत्थान में अपना-अपना स्वर गुंजाया। यही समय की मांग थी। 1920 ई. के अंतिम भाग में "कलकत्ता कांग्रेस सम्मिलनी" से वापस आने के बाद सत्यवादी जीवन दर्शन के मुख्य पोषक गोपबन्धु दास ने उपर्युक्त सीमित प्रादेशिक आन्दोलन और अभिजात बुद्धिजीवियों की चिंताधाराओं से मुक्त हो एक सामान्य कार्यक्रम को अपनाया। 4 सितम्बर, 1920 का कलकत्ता अधिवेशन इस दृष्टि से अत्यधिक महत्वपूर्ण था। उसी वर्ष दिसम्बर के महीने में नागपुर में कांग्रेस का वार्षिक सम्मेलन हुआ। उसमें कलकत्ता अधिवेशन में अनुमोदित प्रस्ताव "असहयोग आन्दोलन" और "विदेशी वर्जन" विपुल उत्साह और आनंद के साथ पारित हुआ। लगता है इसी समय से पराधीनता-वेदनासिक्त राष्ट्रीय मानस में आशा का संचार हुआ।

सन् 1920 से ओड़िया राष्ट्रीयतावादी कवियों की लेखनी मुखर हो उठी - राधानाथ, फकीरमोहन सेनापति, वीर किशोर, गोदावरीश, मधु बाबू, गंगाधर मेहेर और गोपबंधु आदि कवियों की कविताएं राष्ट्रप्रेम से ओतप्रोत पायी जाती हैं। व्यास कवि फकीरमोहन की भाषा में-

"भाषाहि जीवनशक्ति जातिमानंकर
येउँ जाति भाषाहीन से जाति बर्बर।"

राष्ट्रीयता की रक्षा करने हेतु भाषा की भूमिका अत्यन्त महत्वपूर्ण है। भाषा की अवनति समाज की अवनति है, समाज की अवनति देश की अवनति है, भाषा का विलोम होना जाति एवं राष्ट्र का विलोम होना है। अपनी मान-मर्यादा, गौरव, देश का गौरव उच्च करना हो तो अपनी मातृभाषा को उच्च करना ही होगा। इसी मर्म से कवि गंगाधर मेहेर ने कहा है-

"मातृभूमि मातृभाषारे ममता
या हृदे जनमी नाहिं,
ताकु यदि ज्ञानीगणरे गणिबा
अज्ञान रहिबे काहिं।"

और भी कहा है-

"उच्च हेबा पाईं येबे कर आशा,
उच्च कर आगे निज मातृभाषा"

ये रचनाएं उस समय रचित हैं अब ओड़िया अलग राज्य न था। तब उसे बंगाल, बिहार, मध्य प्रान्त एवं मद्रास प्रान्तों में सम्मिलित किया गया था। अतः उन्हें सबसे पहले अपने स्वयं की भूमि, स्वयं भाषा, स्वयं का प्रदेश चाहिए था जो उसकी पहली स्वतंत्रता की लड़ाई थी। अन्त में उन्हें 1 अप्रैल, 1936 ई. में सफलता मिली और अलग उड़ीसा राज्य का जन्म हुआ।

सन् 1920 दिसम्बर में "नागपुर कांग्रेस अधिवेशन" से वापस आने के बाद "चक्रधरपुर उत्कल सम्मेलन" में गोपबन्धु जी ने आभिमुख्य बदलने की योजना

की। इसके बाद ओड़िया भाषा-भाषी अंचल के एकीकरण के बदले स्वाधीनता प्राप्ति को ही पहला एवं प्रमुख्य लक्ष्य के रूप में ग्रहण किया गया। इस प्रस्ताव के साथ ''उत्कल सम्मिलनी'' एवं सत्यवादी की कर्म योजना एक नया स्वरूप ग्रहण करती हैं। उत्कलमणि गोपबन्धु जी के मुख से राष्ट्रीयता का यही स्वर फूटता है-

''देश की मिट्टी के कण-कण में
मिट जाए तन मेरा
मेरी पीठ पर चरण रखकर
चले नागरिक सारा
जहाँ कहीं हों जितने गड्ढ़े
देश स्वराज के पथ पर
मेरे शरीर के हाड़-मांस से
बन जाए सब समतल।''

वास्तव में उत्कलमणि गोपबंधु उत्कल के मणि थे। वे न सिर्फ कवि थे, बल्कि देशप्रेमी, राष्ट्रवादी नेता, जनसंगठक, कार्यकर्त्ता और सर्वोच्च उत्कलीय, नैष्ठिक सेवक, उपासक तथा उन्नायक थे। जनसेवा व परोपकार के भाव उनकी कविता में फूट पड़े हैं। उनके कार्य एवं कविताएं अंगागी रूप में जड़ित हैं। स्वाधीनता की प्राप्ति के लिए कारावास के दौरान उन्होंने लिखा है -

''जले शरीर जल जाये मकान
डरो मत स्वतंत्रता के जवान
छोड़ो न हिम्मत, न बनो निराश
बने कारागार अपना निवास।''

उन्हें कारादंड की कोई चिन्ता नहीं थी। एक ही चिन्ता थी– स्वाधीनता की। उन्होंने आगे कहा–

"नाहिं जातिभेद, नाहिं धर्म भेद,
साम्य मैत्रीमंत्र गाए चारि वेद।"

गोपबंधु दास ने कहा है कि साम्य, मैत्री, विश्वभातृत्व प्रत्येक उड़िया के मूल मंत्र हैं। यहाँ के इष्टदेव जगत के नाथ हैं, उनके बड़देउल में जाति-भेद, ऊँच-नींच; छूत-अछूत की भावना नहीं है। ईश्वर से दया की याचना करते हुए वे लिखते हैं-

"जातीय ममता विश्वजन प्रीति,
उत्कल वासीर एहा हेउ नीति।"

राष्ट्र प्रेमी कवि की लेखनी ने बागी के प्राणों में एक नया मंत्र फूँक दिया। परतंत्रता की श्रृंखला को तोड़ना और ओड़िशा के दुःख एवं निराशा को दूर करना उनके काव्य की झंकार थी। कवि गोपबंधु "रेल उपरे चिलिका दर्शन" कविता में लिखते हैं–

"अछि सेहि गिरि अछि से विपिन
अछि तोर शिला सुदृढ़ पुलिन
किन्तु काहिं आहा एबे तो बारता,
ओड़िया जातिर पूर्व जातीयता।"

विश्व एकात्मता के निदर्शन स्वरूप वे लिखते हैं-

"कहीं भी रहूँ भारत भू पर
रहा हूँ अपनी माता की गोद पर
तू है माता शालग्राम की शिला
हर गांव तीर्थ पुरी विशाला।"

एक भारतीय की हार्दिक कामना है कि मैं भारत में जहां भी रहूँ वह मेरा घर है, उसकी हर शिला मेरे लिए शालिग्राम है और प्रत्येक स्थान पर मेरे लिए पवित्र तीर्थ भूमि है।

स्वाधीनता प्राप्ति की कामना गोपबन्धु के काव्य चिंतन में पनपती रही थी। स्वच्छन्द गति खोकर एक मुरझाई सी कांकड़ लता की स्थिति को लक्ष्य कर उन्होंने

जो लिखा है, उससे उनकी स्वतंत्रता की पिपासा परिलक्षित होती है। इस कविता में कांकड़ लता पर भारतीय जनता की आशा-आकांक्षा प्रतिफलित हुई है। जो बाद में ''बन्दीर आत्मकथा'' के रूप में प्रकाशित होती है। क्योंकि इसी बीच गोपबन्धु जी को जेल जाना पड़ा था। (जून 1921 से मई 1924) जब उन्हें कटक जेल से 24 जनवरी, 1923 को हजारीबाग के जेल में भेजा गया वे क्षोभ प्रकट करते हैं। ''अवकाश'' नामक कविता उसी का परिणाम है। जेल में ही उन्होंने ''काराकविता'', ''धर्मपथ'', नचिकेता उपाख्यान'', ''गो महात्म्य'' आदि लिखे। वे स्वराज्य संग्रामी एवं कारावासी न होते तो उनकी ''बन्दीर स्वदेश चिन्ता'', ''बन्दीर सान्ध्य भावना'' एवं ''पितृपक्ष तर्पण'' के समान गहरी देशप्रीतिपरक कविताओं की रचना भी न होती।

डॉ. नटवर सामन्तराय ने अपने ''ओड़िया साहित्यर इतिहास'' पृ. 608 में लिखा है– यह आत्मकथा थी। (बंदीर आत्मकथा) इसमें राष्ट्रीयता की भावना का अमलिन चित्रण हुआ है। इसकी प्रत्येक पंक्ति, प्रत्येक शब्द वज्रनिर्घोष की तरह प्रखर है। विदेशी शासन के प्रति गहरे आक्रोश के साथ-साथ देश की असंख्य प्रताड़ित असहायों के प्रति अप्रतिम सहानुभूति इस पुस्तक की प्रत्येक पंक्ति में मिलती है।

''बंदीर आत्मकथा'' और ''कारा कविता'' का काव्यिक आवेग अभिन्न है। हार्दिकता, कसक एवं परिपुष्ट राष्ट्रीय अनुचिंता में ''कारा कविता'' की विभिन्न कविताएं एक महाकाव्य की तरह चेतना की गहराई को स्पर्श करती हैं और क्लासिक साहित्य की तरह पुष्ट भाषा व समृद्ध भावनाओं को वहन कर पायी है। पुनश्च, एक क्लासिक द्रष्टा की तरह अतिमात्रा में परम्पराधर्मी और आदर्श नीतिपरक, सुरूचि, आचार-विचार के प्रति ध्याननिष्ठ होने पर भी इनकी कविताओं में उदार प्रगतिवादी विद्रोही चेतना है। इसमें समय की पुकार के अनुकूल नूतन राजनैतिक एवं अर्थनैतिक उद्योग, नव्य राजनैतिक दर्शन के साथ धर्म व आध्यात्मिकता मिलते हैं।

जेल में लिखी ''धम्मपद'' कृति एक किंबदन्ती पर आधारित होने पर भी इसमें आत्म बलिदान हेतु के लिए राष्ट्रीय मुक्ति संग्राम में कूद पड़ने के लिए आह्वान है।

प्रस्तुत समय के कवि श्री बान्छामिधि महान्ति ने ''उत्कल वीणा'' व ''प्रथम झंकार'' की रचना की। उनका मुख्य उद्देश्य राष्ट्रीय भावना को जनसामान्य के अन्तः करण तक पहुंचाना था। उन्होंने ''उत्कल वीणा'' की भूमिका में लिखा है- ''आम आदमी जिस तरह समझ सके, उसी के अनुसार भाव, भाषा एवं स्वर को सरल बनाया गया है।

''और कितने दिनों तक रहेगा उदास भाई तू।
दिनोंदिन बढ़ती जा रही दुःख राशि देश में।
सुख-शान्ति सब गए डूब, दाना-वस्त्र जुटते नहीं।
घूमते निर्वस्त्र-विवस्त्र।
तब फिर क्यों हो रहे विलासी।
बढ़ रहा है ''कर'' जिस तरह।
''दर'' बढ़ रही है वैसी ही।
यह हो गई अब गले की फांसी।''

अर्थनैतिक विषमता को उन्होंने इस प्रकार ''द्वितीय झंकार'' में वर्णित किया है:–

''क्या होगा स्वराज्य मिलने पर यदि न भरे पेट
हम मरते रहेंगे भूख-उपवास में,
एक दो होंगे बम्बइया सेठ।''

उन्होंने ''कह-कह केउं जाति लभिछि मुकति'' आदि गीतों में राष्ट्रीय संग्रामी भावनाओं को व्यक्त किया है। उन्होंने महात्मा गांधी को कृष्ण का अवतार माना है।

"महात्मा मोहनदास द्वारकापुररे बास।
द्वापर द्वारका-द्वीप कृष्ण कलामयरे,
अरट वस्त्रर स्वराज्य लभिबा हेले.....इत्यादि।

राष्ट्रीय कवि वीर किशोर महात्मा गांधी के पूजक न थे, वरन उनकी नीतियों के पूजक थे। उनकी रचनाओं में गांधी प्रीति की परम उपासना तो मिलती है फिर भी अंधी प्रशंसा का अभाव देखा जाता हैं। उन्होंने "सबुज साथी" (1934) मोहन वंशी (1920) को गांधी जी के आह्वानों से परिपुष्ट की हैं। "विद्रोहिणी (1930), लवण सत्याग्रह पर आधारित "रणभेरी" व "दुन्दुभि" (1932) जन साधारण में चेतना जागरण के लिए वैप्लविक तूर्यनाद है। ये पुस्तकें तत्कालीन शासन द्वारा जब्त कर ली गई थी। 1921 के बाद राष्ट्रीय जीवन को भारतीय स्वतंत्रता संग्राम की पृष्ठभूमि पर जितने कवि उद्बुद्ध कर रहे थे उनमें से वीर किशोर भी एक हैं। वीर किशोर महात्मा गांधी के प्रति बहुत ही अनुरक्त थे। लवण सत्याग्रह की संकटापन्न अवस्था में उनकी उक्ति है-

"तमे पठाइछ तमरि दुत कु। गण सेवा करि गुण गाइबाकु।
स्वराज्य पछके डेरी हेइ याउ। फेराइ न निअ तमरि दूत कु।

महात्मा गांधी राजनैतिक स्वाधीनता के पूर्व सामाजिक एवं आर्थिक स्वतंत्रता चाहते थे। उन्होंने अस्पृश्यता निवारणार्थ "सबुज साथी" कविता संग्रह लिखा है–

"मर्यादा मंदिरे जोगी येउँ दिन बुद्ध अवतार परि,
हरिजनंक दुख हर्रिबाकु योगे बसिले उपास करि।

× × × × × ×

सेहि दिन किआँ ए बन्दीशाले मोर बन्धु मुंहटि पड़िला मने
नूआँ बोहू परि लुचि रहि थिला मोर हृदय कबाट कणे।

मर्यादा मंदिर में जिस दिन बुद्ध अवतार की तरह हरिजनों के दुःख हरण करने के लिए उपवास पर बैठे उसी दिन न जाने क्यों बन्दीगृह में मेरे बन्धु के चेहरे मुझे

याद आये। उसकी शक्ल नई वहू की तरह हृदय रूपी किवाड़ के कोने में छिपी बैठी थी।

ब्रह्मपुर के कारागृह में बन्दी रहते समय लिखित उनकी कविताओं में से एक मार्मिक कविता की कुछ पंक्तियां इस प्रकार हैं–

देवता येते हेलेणि पथर
डाकिब के आउ होइण कातर
डाकूं सिंधुकुले आमे बंदीजने,
अनन्त ध्याने शोइथिब किए,
पराधीन काहिं देब फुल हार
सजाइ रखिब हृद हाड़माल
अनुसरि निति दिन सरुनाहिं
अछुँ चातक पराए चाहिं किए''

राष्ट्रवादी कवि वीर किशोर राय ने अंग्रेज शासनकाल में विविध प्रेरणादायक कविताएं लिखकर राष्ट्रीय भावना को जगाया। उन्हें ही लक्ष्य कर कहा गया है -

''गोरा बेपारींक उपरे चिड़ि
लेखिले कविता धाड़ि कि धाड़ि
जातीय कवि से वीर किशोर
सदा तांक मुख चिर किशोर।''

जातीयता का स्वरोच्चारण करते हुए वीर किशोर राय की हृदय वीणा के तारे झंकृत हो उठे हैं। वे राष्ट्रीयता के महत्व आंकते हुए लिखते हैं–

''देश पीरति बड़ गहन कथा
मधुर-मधुर आकाशरु दूर
मरणरु बलि पराण व्यथा।''

(देश प्रेम बड़ी गहरी बात है। वह इतनी मधुर, इतनी मधुर है कि आकाश से भी दूर है, मृत्यु से भी बढ़कर है प्राणों की व्यथा)

वयोवृद्ध मधुसूदन की कविताओं की प्रत्येक पंक्ति में राष्ट्रप्रेम की भावना भरी पड़ी है। ओड़िशावासियों को मातृभूमि की मंगलकामना के लिए आह्वान करते हुए कहा–

"एहि तो धरणी कोटि प्राण सिन्धु तो धरणी।
कोटि प्राण बिन्दु धरे
तोर प्राणबिन्दु मिसाइ दे भाई
डेईं पड़ि सिन्धु नीरे।"

उनका मूल उद्‌देश्य था, एकता। जनता अपने नाशवान प्राणों की बलि राष्ट्रहित के लिए उत्सर्ग करें। सुप्त, आलस उत्कलियों को अपनी महान ऐतिहासिक और गौरव-पूर्व संस्कृति की याद दिलाते हुए वे कहते हैं–

"तो पूर्व पुरुषे जय करिथिले
गंगा ठारु गोदावरी,
तांकर औरसे जन्म होई तुहि,
केउं गुणे तांक सरि।"

× × × × ×

उठ रे-उठ रे उत्कल संतान
उठिबु तू केते दिने,
पुरुब गौरब पुरुब महिमा,
पड़िब कि केबे मने?"

उड़ीसावासियों के मन में स्वतंत्रता की जो इच्छा थी, उसके प्रति उनका उद्‌गार इस प्रकार प्रस्तुत हुआ है–

"मातृभूमि मातृभाषा उभये जननी,
सेब ताकुं भक्ति भरे दिवस-रजनी।"

दिन और रात सेवा करने की इच्छा है दोनों की– मातृभाषा और मातृभूमि की; क्योंकि ये दोनों माता के समान हैं।

जब-जब ओड़िशा पर विपत्ति पड़ी है, उत्कलवासियों के मन को वह तरंगायित करती रही है, संगठित करती रही है, प्रेरणा देती रही है उसकी गरिमामय अतीत-गौरव-गाथा। इसी संदर्भ में कवि पद्मचरण पटनायक धौली पहाड़ को साक्षी मान कर तत्कालीन पाइक सेना की विरुदावली गायन करते हैं -

''धउलि पाहाड़ धउलि पाहाड़
काहिंकि मउने रहिछुआजि,
दरिया बालिरे केते खोजुथिबा,
अतीत गौरव गरव राजि।''
धउलि पाहाड़ धउलि पाहाड़
लज्जा तेजि देख, टेक हे मथा
शुणाअ से काल गरब काहाणी
कह हे से काल गरब कथा।''

वे आगे याद दिलाते हैं -

''एहि परि सिना कलिंग तपन। बुडि गला दिने दरिया तीरे।
एहि परि सिना कलिंग वीरत्व। भासिगला काल सागर नीरे,
केते जाति-हात धरिण आमे। अगुआ होइण रखिले नाम।
शत सहस्रर जन्मभूमि कु, सते विधि मोर होइला बाम।।

कवि श्री नित्यानंद महापात्र ने अपने ''पांचजन्य'' नामक काव्य में राष्ट्रीय समस्याओं, भावनाओं और राष्ट्रीय स्वाधीनता आन्दोलन में आत्मदाह करने वालों की भावना का वर्णन किया है। 1930 से 1942 तक की रचनाओं में बहुत अन्तर आ गया है जो ''मरम'' से आरम्भ होकर ''पांचजन्य'' तक वर्णित है। परम शहीदों में निधि महालिक, लक्ष्मण नायक, मूषा-मास्टर, सा नायक, चारु, रामेश्वर आदि के अलावा गोपबन्धु दास, कस्तूरबा, सुभाष आदि के बारे में ऐतिहासिक महत्वपूर्ण कविताएं समाविष्ट हुई है। निधि आश्वासन देकर कहता है - ''मोंपाइँ

कांद नाहिं, मुँ पुणि स्वाधीन भारत रे जन्म नेबि।'' अनपढ़ होने पर भी निधि बड़े कहे जाने वाले लोगों के प्रति व्यंग्य करते हुए कहता है–

''अरे कहत परधनचखा रे बड़ जाति,
शेषधर पाईं ठिआ हुअ एठि ए रणमाटि,
देखिबि, तुमर केते मजभुत, मारण कल,
तमे रे देखिच आम देहे केते मरिबा बल।

(अरे बड़े लोगो, हमारे मन में मरने का बल कितना है आज देख लो।)

इनकी ''परी'' कविता भी लवण सत्याग्रह पर आधारित है। लक्ष्मण नायक कह उठता है:-

''तुम स्वाधीनता मिलिबा आगरु हेब तार स्वाधीनता।
तम पाटि जहिं फिटिब नाहि रे सेठि से कहिब कथा।।
देखिछ कि केहि हसि-हसि केबे गलारे नेबार फाशी
मागे नाहिं पुणि त्याग पाईं तारे मूल हार राशि-राशि।।
तम पाईं जिए देइ गलारे एठि छुटिला रक्त धारा।
जाणे मुहिं जाणे पड़िब नाहिं रे ताहा कीरति मारा।।

''पांचजन्य'' गांधी-प्रवर्तित अहिंसा-संग्राम व भारतीय स्वाधीनता संग्राम के चित्रों पर आधारित है। अन्य दो कविताओं में भारत के स्वाधीनता संग्राम के दो महान सेनानियों, श्री सुभाषचन्द्र बोस एवं उत्कलमणि गोपबन्धु के त्याग और राष्ट्रप्रीति का वर्णन है।

कवि पद्मचरण की रचनाओं में अतीत उड़ीसा का ऐतिहासिक गौरव, शासकों द्वारा प्रताड़न एवं उत्पीड़ितों की दयनीय अवस्थाओं का वर्णन मिलता है। साथ ही उन्होंने एक नवयुग की संकल्पना की है जिसमें प्राचीन कुसंस्कार, शोषण एवं लूट न होंगे, जहाँ दरिद्रता न होगी, सबको खाद्य व वस्त्र प्राप्त होंगे, सर्वहारा नहीं होगा।

जब भी आदमी बेबस हो जाता है अपने भाग्य को कोसता है। इसी प्रसंग में गोदावरीश महापात्र की भूमिका अतुलनीय एवं महान् है। दुर्बल प्राणों में सात सिंहों का बल संचार करने, अंधकार में दीप प्रज्ज्वलित करने, कंकाल में नया रक्त-मांस जड़ने के लिए आह्वान करते हुए वे कहते हैंः-

''माटि पथरर नुहें ए स्वदेश
तुच्छ नुहें एहि पाणि पवन।
सबुथिरे बहे जननी आशीष
सबुथिरे बहे आमरि प्राण।।

× × × × ×

याबत बइरि न बधिबि करे
याबत स्वेदश न हेब मुक्त।
न फेरिबि आउ, देइ आत्मबलि,
करिबि बइरि खड़ग सिक्त।।

(आत्मबलि, से फुल फुटि थिला, पृ. 13)

राष्ट्रीयतावादी ''उठ कंकाल' कविता ने सारी उड़ीसा में एक तहलका मचा दिया था। इसमें न सिर्फ प्रान्तीयता का स्वर अनुगूँजित किया गया था वरन् भारतीय मुक्ति चेतना को साकार बनाया थाः–

''घोर बन्धुर तव सम्मुख उठ दुर्बार, उठ उन्मुख,
उठ दुर्दम, उठ भीषण, कर्मठ
सत्याग्रह जले अन्तरे
आजि नाचु चिर-कंकाल, अन्तर अबिरल,
उठ नवयुग नव मन्त्र रे।''

(छन्दे-छन्दे) 1920 (''उठ कंकाल'' पृ. 9)

राष्ट्रीय चेतना के जाग्रत प्रहरी की तरह देशात्मबोध से चिर मुखरित उनके कवि कंठ से निकली थी ये पंक्तियां -

"जल, जल जल, जल रे अनल, उठु आग्नेय गिरितलु।
शत बरषर कोटि कंकाल रुद्ध वासना फिटि पडु।।
उछुलु रुधिर वीर बारिधिरे प्राणमंदिर चहलाई।
मरण शंख, चिर निशंक बाजु चंचल, बेल नाहिं।।
(बारबाढो बक्षे - "उठ कंकाल" पृ. 59)

उत्कल भारती कुन्तला कुमारी साबत, कम आयु में भारतीय स्वाधीनता संग्राम से प्रभावित करने वाली कविताएं लिखने वाली कवयित्री हैं, जिनका प्रमुख अभिमुख्य विदेशियों के शोषण, उत्पीड़न, देशवासियों की अत्यधिक दरिद्रता, रोग-व्याधि, राजा-जमींदारों का विलास-व्यसन, नौकरशाही की विश्वासघाती भूमिका, रायबहादुर, दिवान बहादुर आदि पदलोलुपता, देशप्रेमियों को कालापानी व फांसी का दण्ड आदि का चित्रण करना था। उनकी "आह्वान" नामक पुस्तक इन्हीं अभिप्रेतों से व्याप्त है जिससे उनकी सामाजिक चेतना व राजनैतिक सचेतना के मूल स्वर का पता चलता है। इस पुस्तक में महात्मा गांधी द्वारा चलाए गए सत्याग्रह संग्राम में योगदान के लिए पुकार है जो तत्कालीन ब्रिटिश सरकार के द्वारा जब्त होने के कारण सारी ओड़िशा में सनसनीखेज पैदा हो गई थी। कुन्तला कुमारी ग्रंथावली सं. डॉ. कुंजबिहारी दास, प्राक्कथन पृ. 4 में इस प्रकार चित्रण किया गया है :-

"पखाल भातकु न मिले लुण
तपत भातकु नाहिं तिअण
गोरु हेले हड़ा लोके हेले भड़ा
सार कुलिगिरी चाहा बगीचार काम।"

इसी के साथ 'आह्वान' की कुछ पंक्तियां हैं-

"साबरमतिर स्वराज्य सैनिक
उठ भारतर युवक निर्भीक
उठ भारतर वीर पुत्रयाक,
सेनापति आजि देइछन्ति डाक।"

जाग्रत करने के लिए :-

''अम्बरु अमीय आनन्द वदने
ओल्हाए कि शक्ति सविता गगने
देख जले स्थले शक्तिशाली खेल।
उठ-उठ निद्रा भाजि
उठ हे उत्कल कुमार-कुमारी
तुम लागि देश गलाणि हकारि
आज प्रतिध्वनि आकाशे बताशे
उठ-उठ कर्णे शुणि।''

(उत्कल वन्दना : कुन्तला कुमारी सावत)

स्वाधीनता संग्राम में प्रत्यक्ष रूप से भाग लेते हुए जेलवरण करने वालों में वांछानिधि दास एक हैं। जेल में ही उनका सम्पर्क वीर किशोर से हुआ। ''पल्लीछबि'' काव्य संकलन ग्रामीण कुसंस्कार, जातिभेद, ऊंच-नीच, छूत-अछूत आदि विषयों पर आधारित है। इसके पश्चात् ''प्रायश्चित कार'' में 1942 के राष्ट्रीय स्वतंत्रता के आंदोलन की राष्ट्रीय चेतना का तीव्र स्वर अनुगुंजित हुआ है। इसमें राष्ट्रीय स्वाधीनता संग्राम और गांधी जी की नीतियों पर आधारित कवितायें संग्रहित हैं। ''बालप्रभाती'' बाल-कविता संग्रह है। ''जयभेरी'' इसी तरह की कविताओं का संग्रह है। ''बड़देउल'' एवं ''आम कोणार्क'' ऐतिहासिक पृष्ठभूमि पर आधारित हैं एवं राष्ट्रीय भावनाओं से आप्लावित हैं। नेताजी सुभाष बोस की अग्निवर्षी भाषणों की छाया में ''इंगितिका'', ''संजीवनी और विप्लववाणी'' आधारित हैं। इसमें राष्ट्रीयता के स्वर मुखरित हुए हैं।

उत्कल भारती कुन्तला कुमारी की तरह कांतकवि लक्ष्मीकांत की कविताएं भी राष्ट्रीयता पर आधारित है। ''असहयोगीर आत्मकथा'' लवण-सत्यग्रह पर आधारित है। उड़ीसा के अतीत गौरव का गान करते हुए वे लिखते हैं- ''बन्दे उत्कल जननी, चारु हास्यमयी, चारु भाष्यमयी जननी, जननी, जननी'' से लेकर कोटि-कोटि कंठेरे आजि उठुरे, गम्भीरे बाजी उत्कलर जयगीति उन्मादनाभरी ''कंपि उठु शैलराजि

ससागराधरा'' तक उग्र विद्रोही काव्य चेतना से उनकी कविताएं मुखरित हुई थीं। राष्ट्रीय संग्राम के आह्वान से यह स्वर सारी भारतीय जनता को संबोधित है:–

''जातीर जीवन आकाशे आसिछि विपद बउद माड़ि।
किए काहिं अछ बीर सन्तान आसरे अलस छाड़ि।।
पूर्ण आहुति डाक पड़िलाणि, आसआस लो संगिनी।
आस बीरमाता, बीरर धरणी, आस रणरंगिणी।।

(कान्त साहित्य माला भाग-2, पृ. 477)

इस तरह कवि किसी को भी स्वतंत्रता संग्राम में आहुति देने से छोड़ना नहीं चाहता, वह फिर लिखता है:–

जीवन संगीत तेणु अति पीड़ित आम अंतरर करुण श्लोकर

''सामगान।'' (कान्तकविंक जीवन संगीत-काव्य ओ कलाकार पृ. 78 अध्यापक चिन्तामणि बेहेरा)

प्रस्तुत प्रसंग में डॉ. हरेकृष्ण महताब का ''आत्मदान'' (1945) डॉ. मायाधर मानसिंह का ''स्वराज्याश्रम'' एवं श्री नित्यानन्द महापात्र जी का ''स्वराज्य संहिता'' (1948) का नाम विशेष रूप से उल्लेखनीय हैं। डॉ. महताब जी ने अपनी गीतिनाट्य रचना (आत्मदान) में स्वाधीनता संग्राम के चित्र को अनेक काल्पनिक चरित्र एवं स्थानों के माध्यम से बेहद प्राकृतिक ढंग से चित्रण किया है। उन्होंने मायापुर के सम्राट एवं साम्राज्ञी की कहानी का जिक्र किया है। वह इंग्लैंड के ही राजा एवं रानी के सिवाय और दूसरे कोई नहीं है। सुवर्णपुर-भारत है एवं संन्यासी जन-नेता महात्मा गांधी ही है। इसमें पराधीन भारत की ग्लानि, विभेद, राजतोषण, कर्मचारियों की खुशामदप्रियता एवं गांधी जी के व्यक्तित्व तथा नीति का विशद वर्णन किया गया है। इस काव्य नाटक को एक ऐतिहासिक दस्तावेज के रूप में प्रस्तुत किया है। देशद्रोही की दुरावस्था व अंतिम कारुणिक अश्रुपूरित चित्रण में यह अत्यन्त सफल कृति है।

इनके अतिरिक्त श्री चक्रधर राउत की ''शताब्दी शहीद'' कालिन्दी चरण पाणिग्राही की ''अन्तरालोक'' व ''रक्तस्रोत'' गोपाल कानुनगो की ''तर्पण बासरे'' सत्यनारायण राजगुरु की ''दिअ हे आशीष'' अखिल मोहन पटनायक की ''जनवरी-तिरिश'' प्रमथ नाथ दास का ''अश्रुतर्पण'' सूर्यनारायण पाढ़ी का ''शताब्दीर सूर्य'' आदि कविताएं गांधी जी के निधन के पश्चात् प्रकाशित हुईं जो उनकी जीवनी एवं व्यक्तित्व पर अनेक दिशाएं उद्घाटित करती है। इनके सिवाय कु. विद्युतप्रभा की ''बापूजी'' दुर्गा माधव मिश्र की ''कथा कुछ बापू जी कथा कुह'' विछन्दचरण पटनायक की ''बापूजी वियोग'' यतीन्द्र कुमार दास की ''बुझि करि पुणि बुझइ नाई'', उदयनाथ दास की ''सुनाशुआ'' वीर किशोर दास की ''विवश मानवर वियोगे'' रघुनाथ महापात्र की ''भारत जननी प्रति, महात्मांक आत्मा'' बैकुंठनाथ की ''रणबन्धु गांधी'' सच्चिदानन्द राउतराय की ''गांधीजीकं गहणे'' कुबेर दलाई की ''प्रणति'' राधामोहन गड़नायक की ''यार बास कारावासे'' ये सभी गांधीजी के प्रति श्रद्धा निवेदन हैं।

डॉ. मायाधर मानसिंह की स्वाभाविक व स्वतः स्फूर्त काव्य व्यंजना से अनुंरजित ''स्वराज्याश्रम'' उनकी काव्य प्रतिभा को वहन करते हुए स्वाधीनता संग्राम के पूर्व एवं परवर्ती काल के राष्ट्रीय जीवन में आए उत्साह एवं कारुण्य का चित्रण अत्यन्त मर्मभेदी एवं व्यंजनापूर्ण है। पुनश्च, इनकी चिन्ताधाराओं में गांधीजी के प्रति आंतरिक अनुराग एवं स्वराज्य संग्राम की चेतना जैसी एकनिष्ठ भावधारा बह चली हैः–

''मस्तके मोर पडु हे बापूजी,
तमर चरण तलर कण
धन्य हेब ए क्लिन्न अंग
पूर्ण होइब ए पराण मन।''

(बापुजी, बापु तर्पण पृ. 259)

डॉ. मानसिंह उड़ीसावासियों को बतला देना चाहते हैं कि उनमें व्याप्त कुंठित भावनायें बेकार की बातें हैं कि उड़ीसा दरिद्र है, बुभुक्षु है, यहां अन्न का अभाव है। वे लिखते हैं:–

"हाय रे उत्कल भूमि। प्रकृति सुन्दर
मंदाकिनी सम नदी, शिवसम गिरि
कानने केदारे लक्ष्य शोभार विभार
थाई तारे कह किंपा ऐते हत शिरि
ए स्वर्ग सुषमा यार करिबि निहार
केमंते कहिले तार अन्नर अभाव
सुरा सम मुग्ध करे मोर या निर्यास
ता हेले संभव काहुं दुर्जन प्रभाव।"

(महानदी रे ज्योत्स्ना विहार : मायाधर मानसिंह)

इस तरह जिसकी प्राकृतिक देन विद्यमान है वह कभी भी भाग्यहीन देश हो नहीं सकता।

दृढ़ संकल्प के साथ वे कहते हैं कि राधा मोहन गड़नायक सिर्फ उड़ीसावासी नहीं है, सारे देश के है, सारे देश के लिए ही मर मिटेगा:-

"मो देशर सेइ रक्त धरि
केउंठि चाहिंबि शरण
जीवन रे ताहा कहि पारिबि नि
बरिबि पछके मरण।"

(मणि साआंतरा- उत्कलिका-राधा मोहन गड़नायक)

दूसरों के यहां शरण लेने के बजाय उन्हें मरण का वरण करना बेहतर लगता है स्वतंत्रता संग्रामी एक सैनिक के मुंह से यह उक्ति निकल पड़ती है। कृष्णचन्द्र त्रिपाठी की लेखनी से निकलता है कि उड़ीसा के नव जवान, स्वतंत्रता सेनानी सिर्फ उड़ीसा के लिए ही नहीं देश के लिए आत्मोत्सर्ग करने में तत्पर एवं प्रतिज्ञ हैं:–

''जननि रे चाहिं कहिला सिए पकाइ राण
बिकल अथय हुअना बोउ
मुँ नुहइ खाली तोहरि धन।
देशर प्राण मुँ जातिर राण
जनम नेइछुँ करिबाकु खाली देशर काम
जनम माटि रे जीवन रहु।
कटि जाउ पछे मोहरि बेक।''

(सैनिक समाधि : कृष्ण चन्द्र त्रिपाठी)

कवि त्रिपाठी की कविताओं का मुख्य स्वर निर्विवाद रूप से राष्ट्रीय भावना है। ''युद्धयात्रा'' में कवि की पुकार-कवि का उद्गार है:–

संग्रामे करे बा मरे लोड़ा नाइ जाणिबार।
बंचाअ देशरे मोर चाल खंडा तलुआर।।
जाउछि जाउछि माआ ए तोर आशीष मागि।
शिरारे शोणित मोर फुटुछि मो देश लागि।।

(संग्राम से लौटूं या मरुँ इसे जानने की मुझे आवश्यकता नहीं है, ओ मेरे खड्ग एवं तलवार, देश को बचाने के लिए चलो। मां, मैं जा रहा हूं, जा रहा हूं तुम्हारा आशीष मांगकर। मेरी शिरा-प्रशिराओं में खून खौल रहा है देश के निमित्त)

कुंजबिहारी दास का सर्वप्रथम प्रकाशित कविता संग्रह ''कैदी'' में स्वाधीनता संग्रामी कैदियों को ही लक्ष्य बनाया गया है। ''पाषाण चरणे रक्त'' (1945) वह वही कविता संग्रह है जिसे इन्होंने विद्यार्थी जीवन में लिख डाला थे। इसमें ''चण्डाशोक'' की पृष्ठभूमि पर तत्कालीन वातावरण का वर्णन है। परोक्ष रूप से उन्होंने श्रीमुक के मुंह से कहलवाया है:–

''प्राण ठारु मूल्यवान जातीय सम्मान
जातिर गौरव धन प्रिय स्वाधीनता
भोगिछि कलिंग, केबे नुआइनि मथा
परपदे प्राण लागि।'' (पृ.14)

श्रीमुक की पत्नी के मुंह से:-

> ''देश लागि जाति लागि अमूल्य जीवन
> ढाले येहु मर नुहे अमर से जन।'' (पृ.25)

(पाषाण चरणे रक्त : 1945 कुंज विहारी दाश)

क्या यह वही उत्कल कलिंग है जो अपनी अतीत गरिमा के साथ-गड्ढ़े में समा गई है। मुझे इसकी चिन्ता नहीं है। यह चिन्ता व्यक्तिगत नहीं है, नवागत युवकों, उड़ीसावासियों की चिन्ता है कि वे कैसे, क्यों और क्या करें। उस अतीत-गाथा को वापस लाने के लिए डॉ. हरेकृष्ण महताब अपनी ''छायापथ यात्री'' में लिखते हैं:-

> ''कोणार्क मंदिर गला नुहें मुँ चिंतित
> चिंतित मुँ जाणिबाकु अछि कि आउ,
> कहिब उत्साहे, गला कथा चालि जाउ
> गढ़िबि उत्साहे पुणि बुहाइबि प्राची
> गढ़िबि विशाल कीर्ति पुणि नुआं कारे
> ताहाहिं जाणिवा पाईं अशरीर आभा
> घेनि मूं बुलुछि शून्य छाया पथर यात्री।''

कवि नीलकंठ दास रामचंडी से अतीत की ओर झांक कर कहते हैं:-

> ''कह रामचंडी कह मो साखी एका त तुहि
> केमंत ए भूमि आसिछि काल तरंगे बहि
> × × × × × ×
> चुम्बक कि एठि ओटारु थिला जहाज मान
> देवता किए कि थिले गो शून्य विलम्बमान
> एहि सिंहासन केबे कि धरि थिला मूरति,
> मुखशाला पीठे होम कि करु थिला द्विजाति।''

(रामचंडी रे राति : नीलकंठ दास)

उड़ीसा देश के जागरुक राज्यों में से एक है। राष्ट्र की मुख्य धारा से जुड़े रहने के कारण ओड़िया कवि गण स्वतंत्रता आंदोलन के दौरान घटित प्रत्येक गतिविधि से अवहित थे। बल्कि नेताजी सुभाष चन्द्र बोस उड़ीसा में ही पैदा हुए थे। कुछ कवि ऐसे भी मिलते हैं जो स्वतंत्रता सेनानी होने के साथ-साथ कवि भी थे। उत्कलमणि गोपबंधु दास व डॉ. हरेकृष्ण महताब जी का उदाहरण दिया जा सकता है। गांधी और गांधीवाद-दोनों का प्रभाव उड़िया कवियों पर पड़ा था। उड़िया राष्ट्रीयतावादी काव्य साहित्य एक पृथक्क प्रवृत्यात्मक विधा है और वह विशाल भी है। यह अवश्य है कि इस साहित्य में कहीं-कहीं प्रांतवाद भी उभर कर आया है जो राष्ट्रीय चेतना का विरोधी स्वर नहीं। वरन् इसे राष्ट्रभक्ति का एक विशिष्ट अंग माना जा सकता है।

4

कन्नड़ कविता

राष्ट्र की परिकल्पना प्राचीन है जबकि राष्ट्रीयता की परिकल्पना आधुनिक युग की देन है। ''राष्ट्रीयता'' शब्द का जिस अर्थ में आजकल हम प्रयोग करते हैं उस अर्थ में अतीत में शायद ही हमने इस शब्द का प्रयोग किया हो। इस शती के प्रारंभ से हम ''एकत्व'' की भावना का दिल और दिमाग से अनुभव कर रहे हैं। सांस्कृतिक दृष्टि से हम भले ही एक प्रदेश विशेष के निवासी रहे हों किन्तु राजनैतिक दृष्टि से इस प्रकार बिखर गए थे कि छोटी-छोटी रियासतों में देश बंट गया था। राजा-महाराजा इतने थे कि ये सारे अपने छोटे-छोटे प्रदेश की बागडोर संभालकर व्यक्तिगत भोग-विलास में तन्मय थे। कवि भी इस बात के अपवाद नहीं थे, जिसका खाते थे उसका गाते थे इनमें राष्ट्रप्रीति की अपेक्षा राजभक्ति बड़ी मात्रा में थी। इसी भू-भाग में स्वाधीनता संग्राम का आंदोलन शुरू होने के समय तक कवि अपने राजाओं के व्यक्तित्व से ऐसे घिरे हुए थे कि उनके स्तुतिगान से अपने को धन्य मानते थे, जिसे राजभक्ति कह सकते हैं।

स्वाधीनता संग्राम की लहर जैसे राष्ट्र में आई, राजभक्ति में परिवर्तन आया, कवियों की श्रद्धा राजा से हटकर राष्ट्र के प्रति केन्द्रित हुई, उनकी राजभक्ति राष्ट्रभक्ति में परिणत हुई। स्वाधीनता ही अभीप्सा एवं राष्ट्रीय भावों ने लोक मानस को ऐसा झकझोर दिया कि अपनी भूमि, अपने लोगों और अपनी सांस्कृतिक अस्मिता के प्रति जागृति पैदा हुई जिसे भारतीयता भी कह सकते हैं। ''आसेतु हिमाचल'' और ''गंगे च यमुने चैव गोदावरी'' जैसी उक्तियों में, भारतवासियों की

तीर्थयात्रा संबंधी परिकल्पना में सांस्कृतिक एकता की बात बराबर प्रस्फुटित होती आई है जो भारतीयता का ही प्रमाण है। आधुनिक काल में राजनीतिक दृष्टि से भी एकमेक होकर एक छत्र छाया में रहने की इच्छा स्वातंत्र्यादोलन में जागृत हुई। भारतीयता जो सांस्कृतिक आयामों को रेखांकित करती है, भारतीयों की नस-नस में अंतःसलिला की भांति थी, स्वाधीनता-संग्राम के महान् यज्ञकाल में राष्ट्रीय भावबोध के साथ उभर आई। भारतीयता यदि आंतरिक जीवन विधान का प्रतिबिंब है तो राष्ट्रीयता बाहरी पहचान का संकेत है।

प्रस्तुत शताब्दी के दूसरे दशक में कन्नड़भाषियों में अपनी भाषा, अपने प्रदेश एवं अपने देश के प्रति स्वाभिमान जागृत करने का उपक्रम पहली बार आलूर वेंकटराव ने अपने उद्‌बोधक लेखों के द्वारा किया। इन्होंने जोरदार शब्दों में कहा कि ''भारत की सर्वांगीण प्रगति तभी संभव है जबकि कर्नाटक की प्रगति होगी। ''कन्नड़ प्रदेश जो बिखर गया है उसे एक कर्नाटक के शासन में लाना है। भारत कर्नाटक स्वाभिमान शून्य होगा तो भारत पर अभिमान कहाँ से जागृत होगा? अतः उन्होंने कर्नाटकियों से अपनी भाषा एवं प्रदेश के प्रति जागृत रहने को कहा। आलूर वेंकटराव महान राष्ट्रप्रेमी थे। लोकमान्य तिलक की प्रेरणा से कर्नाटक में होमरूल लीग के कार्यकर्त्ता के रूप में कार्य करते समय उन्हें कन्नड़ भाषियों के भाषा-प्रेम का परिचय मिला। फलतः ''कर्नाटक गत वैभव'' नामक ग्रंथ लिखकर कर्नाटक के अतीत के सुनहले पृष्ठों के गरिमामय इतिहास के दर्शन कराए, उससे भाषाई अस्मिता पैदा हुई।

एक ओर आलूर वेंकटराव ने गद्य-लेखों के द्वारा अपने प्रदेश के लोगों में जागृति का पांचजन्य बजाया तो दूसरी ओर कविता के द्वारा राष्ट्रीय विचारों व भारतीय अस्मिता बोध कराने का श्रेय बालाचार्य सक्करी शांतकवि को है। इन्होंने पहली बार अपने ''भारतराष्ट्री गीत'' द्वारा कन्नड़ भाषियों को भारत के दर्शन कराए इन्होंने कन्नड़ भाषा और प्रदेश के प्रति अभिमान जागृत कराते-कराते उनमें राष्ट्रीय भावनाओं को भी जगाया। उन दिनों उनकी प्रसिद्ध कविता ''नम्मटै नम्मटी भरतभूमि'' (हमारी अपनी है यह भारत भूमि) को कन्नड़ भाषी बड़े गर्व से गाने

लगे। प्रस्तुत गीत में शांतकवि ने इस देश को ''नंदनवन'' कहा है। सुख एवं स्वराज्य की कल्पना की है। इस राष्ट्रगीत के द्वारा शांतकवि ने राष्ट्रीयता का भाव जागृत कराया है। इस दृष्टि से इनको आधुनिक युग का प्रथम राष्ट्रकवि कह सकते हैं। इनके और भी कई गीत हैं। ''विद्यारण्य कीर्तने' नामक गीत में कर्नाटक और भारत का यशोगान है। इनके एक लावनिनुमा गीत ''परर कंडु कुगिटरे नी मूर्खनु अरि निन्नय हितवं नीने'' में दासता एवं परावलंबी जीवन की त्रासदियों का ऐसा मार्मिक चित्रण किया है कि रोमांचित हुए बिना नहीं रहा जाता।

स्वातंत्र्यांदोलन के आंरभिक चरणों में पत्रिकाओं का योगदान भी कम महत्व का नहीं है जिनके द्वारा लोकमानस में राष्ट्रीय विचारों को बोने का काम तत्कालीन राष्ट्रप्रेमियों ने किया। मुदुवीडु कृष्णराय ने ''कर्नाटक वृत्त'', केरूर वासुदेवाचार्य ने ''शुभोदय'', होन्नापुरमठ गटिगेयूया ने ''चंद्रोदय'', होसकेरी अण्णाचार्य ने ''विजय'', आलूर वेंकटराव ने ''जयकर्नाटक''-पत्रिका के द्वारा जनजागृति पैदा की और भी कई पत्रिकाएं हैं जिन्होंने पराधीन भारत के लोगों में ''राष्ट्रबोध'' जागृत कराया। इस प्रकार राष्ट्रीय अस्मिता व विचारों के उद्‌बोधन करने का कार्य तत्कालीन पत्रिकाओं ने सार्थक ढंग से किया।

उन दिनों प्रख्यात उपन्यासकार गलगनाथ ने अपने उपन्यासों में राष्ट्र वीरों के उज्ज्वल राष्ट्रप्रेम का चित्रण किया। उन कलावीरों के धर्मनिष्ठा, साहस, त्याग और बलिदान ने तत्कालीन जनता में जातीय अभिमान को जागृत किया, इसी श्रृंखला में बंगला से अनूदित उपन्यासों का भी अपना योगदान है।

ध्यान देने की बात यह है कि राष्ट्रीय बोध जिस तीव्रगति से उत्तर कर्नाटक में जागृत हुआ उस गति से दक्षिण कर्नाटक में नहीं हुआ। इसका कारण यह है कि मैसूर प्रदेश मैसूर राजा के अधीन था। यहाँ के कुछ कवियों ने भारतमाता की मुक्ति की कामना के गीत गाए हैं मगर इनकी श्रद्धा राजा के प्रति ही अधिक दिखाई पड़ती है।

राष्ट्रीयता का ज्वार पूरे देश में बड़े जोरदार ढंग से तब आया जबकि इस शती के तीसरे दशक में गांधीजी ने स्वाधीनता संग्राम की बागडोर संभाली। ''भारत

छोड़ो'' और ''स्वराज्य हमारा जन्मसिद्ध अधिकार है'' जैसे नारे गूँज उठे। गांधीजी स्वराज्य को अपना लक्ष्य और उसे प्राप्त करने के लिए सत्य, अहिंसा और सत्याग्रह को साधन घोषित करके कई कार्यक्रम प्रस्तुत किए, देश भर के लोगों को अपनी वाणी से उद्‌बोधित किया। फलतः सारा देश उनका अनुगामी बना। विदेशी वस्त्रों का बहिष्कार करने लगा। स्वदेशी वस्तुओं के प्रति निष्ठा दिखाने लगा। स्वावलंबी जीवन, एकता की भावना, राष्ट्र के प्रति अनन्य प्रेम आदि ऐसे मंत्र थे जिन्हें देशभर में पढ़ाये। गांधीजी के चुम्बक व्यक्तित्व से देश के कोने-कोने में स्वाधीनता संग्राम जोर पकड़ता गया। देशभर के कवियों ने गांधी के व्यक्तित्व और उनके विचारों को अपने साहित्य के द्वारा प्रसार किया। गांधी-विचारों का समृद्ध वाड्.मय हर भाषा में प्रकट हुआ, कन्नड़ इस दृष्टि से अपवाद नहीं है। अलावा इसके राष्ट्रीय मूल्यों से युक्त राष्ट्रीय वाड्.मय भी लिखा जाने लगा। यह राष्ट्रीय वाड्.मय गद्य में जैसे लिखा गया वैसे पद्य में भी लिखा गया। कवि बेटगेरी कृष्णशर्मा ने ''राष्ट्रीय पद्यावली'', ''राष्ट्रीय पद्यमाला'', ''मेलटगीतेगलु'', ''गांधी गीतसप्तक'' जैसी पुस्तकों को प्रकाशित किया। श्रीधर खानोलकर, कुवेंपु, श्रीरामचंद्र बेलगांवकर, मेवुंडि मल्लारी, एस.एन,कामत, गोविंदपे, शंकर भट आदि ने राष्ट्रीय भावधारा की ऐसी कविताएं लिखीं जिन्होंने लोकमानस में राष्ट्रीयबोध का संचार कराया। दूसरी तरफ देश की ग्रामीण जनता में राष्ट्रप्रेम की चिनगारी सुलगाने का श्रेय लोक कवियों को है। जिन्होंने राष्ट्रीय विचारों से युक्त लावनियों, त्रिपटियों और भजनों के द्वारा देहातों में राष्ट्रीय भावों का प्रसार किया।

स्वाधीनता संग्राम के दिनों में आवश्यकता इस बात की थी कि जनता में राष्ट्रीयता का प्रचार हो, अपने देश के कण-कण से रागात्मक सम्बन्ध स्थापित हो, दासता के दुष्परिणामों का चित्रण करके उससे मुक्त होने के लिए लोगों की मानसिकता में परिवर्तन हो। पराधीन भारत में ब्रिटिश लोग एक ओर शासन तंत्र का सूत्र अपने हाथ में लिये देशवासियों पर हुकूमत चला रहे थे तो दूसरी ओर यहाँ की संपित्त का यहां के लोगों के लिए उपयोग न कर लूटी जा रही थी, ऐसी स्थिति में राजनैतिक शक्ति भी हमारे पास नहीं थी जिससे कि इन दोनों का विरोध कियां

जा सके। हमारे साहित्यकारों ने एक स्वर में इन दोनों का विरोध किया, और एकात्मकता का परिचय दिया। उन दिनों एक आवाज और एक आत्मा की आवश्यकता थी जिससे कि विदेशी शक्तियों का सामना किया जा सके। फलतः गांधी जी और अन्य राष्ट्रवीरों की संकल्पशक्ति के साथ अपनी स्वरशक्ति को मिलाकर देश के साहित्यकारों ने देश की मुक्ति के गीत गाये। जैसे अन्य भारतीय भाषाओं में, वैसे ही कन्नड़ भाषा में भी स्वाधीनता संग्राम के परिप्रेक्ष्य में जो कविताएं लिखी गई, वे भारतीय इतिहास में आये नये मोड़ के साक्षी के रूप में हमारे सामने हैं।

भारतीय स्वाधीनता संग्राम का काल आधुनिक भारतीय साहित्य में रोमांटिक काल यानी नवोदय काल है। इस कालखण्ड के तमाम कवि भावुक स्वप्नदर्शी एवं सौंदर्य के आराधक रहे हैं। इस भावलोक से बाहर आकर अपने देश के यथार्थ को हिन्दी कवियों ने जिस गंभीरता से लिया उस गंभीरता से कन्नड़ कवियों ने नहीं लिया है। इसका कारण शायद यह है कि स्वाधीनता संग्राम जिस तीव्रता से उत्तर भारत में जोर पकड़ रहा था उतना जोर दक्षिण में पकड़ नहीं पाया। यही वजह है कि कन्नड़ का कोई कवि प्रत्यक्ष रूप से स्वाधीनता संग्राम में न भाग ले पाया है और न वह जेल गया है। यहां के कवियों का संबंध देश के प्रति केवल भावात्मक रहा है। वैसे स्वतंत्रयोंदोलन उत्तरी कर्नाटक में जोरदार था। मगर आश्चर्य है.कि द. रा. बेन्द्रे का काव्य उत्तर से आये स्वातंत्र्यांदोलन के प्रति तटस्थ है जबकि दक्षिण कर्नाटक जो राजाओं के शासन में था, से आये कुवेंपु का काव्य स्वाधीनता संग्राम के प्रति बड़ा संवेदनशील है।

ज्ञानपीठ पुरस्कार विजेता कन्नड़ के श्रेष्ठ कवि कुवेंपु नवोदय काव्यधारा के सर्वश्रेष्ठ हस्ताक्षरों में हैं जिनकी काव्यसाधना के बहुमुखी आयाम है। प्रकृति, अध्यात्म्य प्रगतिवादी धारा के अग्रगण्य कवि कुवेंपु की काव्य चेतना के अंतःस्वर के रूप में देशभक्ति प्रस्फुटित हुई है। इनके ''पांचजन्य'' (1933) कविता संकलन में देशभक्ति को उद्बोधित करने वाली कविताएं संकलित हैं इन कविताओं में वे एक ओर चारण कवि के रूप में, दूसरी ओर विप्लवकारी कवि के रूप में सामने आते

है। ''पांचजन्य'' संकलन की कविताओं में राष्ट्रीय भावबोध की चरम अभिव्यक्ति को देख सकते हैं। राष्ट्रीयता के व्यापक धरातल पर खड़े होकर ''पांचजन्य'' का शंखनाद करने वाले कुवेंपु राष्ट्रीयता के महान गायक हैं। ''पांचजन्य'' शीर्षक कविता एकजागरण गीत है जिसमें कवि का लक्ष्य दासता के बंधन से देश को मुक्त करना रहा है। इसलिए कवि जात-पाँत-जैसी संकुचित भावनाओं को छोड़कर देश के लिए एकजुट होकर आगे बढ़ने का संदेश देते हुए कहते हैंः–

भारतवर्ष का हित समझो अपना हित,
भारतमाता का मत समझो अपना मत
भारतांबा के सुतों को समझो अपने भाई
भारतांबा की मुक्ति समझो अपनी मुक्ति।
बढ़े चलो बढ़े चलो धीर
जंग के मैदान में।
बढ़े चलो वीर
स्वर्ग के आंगन में।

कवि कुवेंपु युद्ध के परिणामों के बारे में जानते हैं, वहां के रक्तपात एवं चीत्कारों से परिचित हैं; किन्तु उन्हें देखकर पीछे हटेंगे तो देश का क्या होगा? देश को आजाद कौन करेगा? इसलिए शत्रुओं का लोहा मान लेने का सवाल ही नहीं हैं। वीरों को आगे बढ़ना चाहिए। वीरों को न रोना है, न लक्ष्य से विमुख होना है। उसे इस जन्म के बारे में भी नहीं सोचना है; क्योंकि आत्मा अमर है और पुनरपि उसे जन्म लेना ही है। अतः मातृभूमि के लिए कुर्बान होने का मौका किसी को भी बार-बार नहीं मिलता है, इसलिए उसे आगे बढ़ना है। कवि कहते हैंः–

न आँसू बहाना, न लक्ष्य भूलना
कभी, न पीछे मुड़ो, न माँ को भूलो

× × × ×

आत्मा अच्युत है, जन्म तो आएंगे
मृत्यु नश्वर है, भारती की करो जय-जयकार
बढ़े चलो, बढ़े चलो, आगे बढ़े चलो।

कुवेंपु ने युद्ध भूमि की जीवंतता को दुर्गा या काली के रौद्रनृत्य में देखा है। युद्ध भूमि वास्तव में दुर्गा की रंगस्थली है। इस रंगस्थली की कीड़ाएं मूर्त एवं जीवन्त हो उठी हैं इस कविता में प्रयुक्त शब्दों में। ''काली बरूवलु'' की पंक्तियाँ इस दृष्टि से दृष्टव्य हैं।

देखो आ रही है रुद्र भद्र काली।
देवी, चंडी, चामंडी, रक्तसुंडमाली।
डम-डम-डम ढोल बजाओ
भम भम भम आवाज करो।
धीमी धीमी धीमी नृत्य करो।

यह काली और यह दुर्गा दासता से विमोचन के लिए स्वतंत्रता का शंखनाद करती हुई आती है।

''विप्लवमूर्ति'' शीर्षक कविता में कवि ने अपने को विप्लव मूर्ति कहा है, क्रान्ति की मसाल जलाई है। कविवाणी सारे जगत के जड़तत्वों में अग्नितत्व को फूंकने में समर्थ है, यह कवि का अभिप्राय है। वह ब्रह्मा, विष्णु, महेश्वर है, जो तीनों कालों में व्याप्त है, परिवर्तन कामी हैं। विप्लवमूर्ति बने हुए कवि का कहना है कि:–

विलय की विप्लवमूर्ति हूं मैं
काली हूं मैं, रुद्र हूं मैं
तांडव करने वाला भैरव हूं मैं
बंदूक हूं मैं, गोली हूं मैं
वीर का खड्ग हूं मैं
बहते खून की वाहिनी हूं मैं

इस प्रकार और भी कई गीतों में कवि ने स्वाधीनता संग्राम को रुद्र या काली का तांडव नृत्य कहा है।

स्वाधीनता संग्राम का प्रधान अस्त्र था सत्याग्रह। इस सत्याग्रह के प्रवर्तक थे गांधी जी। यह सत्याग्रह ऐसा अस्त्र था जिसके सहारे स्वाधीनता की लड़ाई लड़ी गई। गांधीजी के सत्याग्रह तत्व ने कुवेंपु को प्रभावित किया है। यह सत्याग्रही स्वाधीनता आंदोलन का वीर योद्धा है। इस सत्याग्राही के जीवन लक्ष्य की ओर संकेत करते हुए कवि का कहना हैः–

स्वातंत्र्य संग्राम में बिना किये परवाह-
अपनी जान की बाजी लगाकर लड़ने वाला वीर सत्याग्रही है।
भले ही कूद पड़े अग्नि में सत्य का संबल छोड़े बिना
यम के मुंह में जो घुसेगा वह सत्याग्रही है।

× × ×

देश-माता के सुख के लिए जो अपना सुख करे न्यौछावर
देश की जिन्दगी के लिए जो अपना जीवन दान करे
हिंसा की हत्या करे अहिंसा से बिना हिंसा के
समर प्रिय ही हमारा वीर सत्याग्रही है।

× × ×

बिना भूले जो करे माता की सेवा
और मरे मौन से वही धन्य सत्याग्रही है।
कलियुग का प्रच्छन्न कलि सत्याग्रही है।

जैसे सत्याग्रही से कवि स्वतंत्रता संग्राम में अर्पित होने को कहता है वैसे ही श्रावणसंध्या समीर से भी कहता है कि वह भी स्वाधीनता की लड़ाई में शामिल हो जाये। प्रकृति का यह चितेरा प्रकृति का भी देश की सेवा में सहयोग लेना भूलता नहीं। कुवेंपु अपनी "श्रावणसंध्या-समीरण" में कहते हैं कि स्वतंत्रता का स्वाद तुम्हें है इसलिए कि तुम ही स्वांतत्र्य का संदेश वाहक" हो –

"श्रावण संध्या समय समीर,
स्वागत तुम्हारा, पयोधि वीर
स्वातंत्र्य का स्वाद तू ने चखा है धीर
स्वातंत्र्य का संदेश लाओ वीर
मुक्त समीर, आओ, आओ रे।
सत्याग्रह में तुम भी शामिल होओ रे।

इस प्रकार समीर को स्वाधीनता संग्राम का नेता बनने का आग्रह कुवेंपु करते हैं, विप्लवमूर्ति बनने का प्रार्थना करते हैं।

कुवेंपु ने अपने देश प्रेम से संबंधित गीतों में इतिहास का मंथन किया है। हमारी पराधीनता के कारणों की छानबीन की है। ब्रिटिश भारत में क्या आये, यहाँ का शोषण करने लगे, यहाँ की सम्पत्ति लूटने लगे, अपनी लाठी के बल से हुकूमत चलाने लगे। कुवेंपु ने इस कठोर सत्य का उद्घाटन किया हैः–

आये, जीते राज्य, संपत्ति लूटे
बलवान, बलहीनों को कुचलने लगे
लोगों की पुकार आसमान छूने लगी।

कुवेंपु ने ऐसी अनेक पंक्तियों में भारत की तत्कालीन दुर्दशा का वर्णन करते हुए ऐतिहासिक एवं सांस्कृतिक गरिमा से युक्त भारत का पुनरुद्धार करने को कहा है।

"इंदिन देवरु" (आज का भगवान) कुवेंपु की प्रसिद्ध कविता है जिसमें उन्होंने भारतमाता को सर्वोपरि माता एवं देवता के रूप में देखा है। प्रस्तुत कविता में कवि ने हमारी दासता के कारणों पर चिन्तन किया है और अन्त में यह निर्णय लिया है कि देशाभिमानशून्य जनता हमेशा पराधीनता में ही रहती है और पत्थरों की पूजा, देवी-देवता की आराधना और तीर्थाटनों में लगी जनता भारत को दासता के कूप में धकेल चुकी है। अतः कवि कुवेंपु कहते हैं कि सौ देवताओं को करो दूर, भारत माता ही हमारी देवी है, आज आओ, करो पूजा उसकी। आगे कवि दासता के कारणों को ढूंढते हैं-

''सदियों तक हमने जड़ शिलाएं पूजीं
देकर दूध का प्याला पाला साँपों को।
धूप, बारिश, हवा, आग से की हमने प्रार्थना,
दासों की पूजा करके दासता पाई हमने।

कवि भारतवासियों से आग्रह करते हैं कि वे भारतमाता की सेवा में लगे; क्योंकि भारतवासियों के लिए भारत ही सब कुछ है-

''भारती ही हमारे लिए जीवन की देवी है
विश्व रूपिणी है वह, विश्वमुखी है
हम ही देवता हैं, भारत ही स्वर्ग है
भारत ही हमारे लिए देवी है, जननी हैं।

भारतमाता के प्रति कवि कुवेंपु का आदरभाव देखते ही बनता है जिसके चरणों में वे अपना सर्वस्व निछावर करने को तैयार हैं। कवि का कहना है किः–

''भारत भूमि माँ है मेरी, मुझे पालने वाला झूला है।
स्वातंत्र्य के स्वर्ग पर चढ़ने पुण्य की यह सीढ़ी है।''

अलावा इसके कुवेंपु ने भारतभूमि में जन्म लेने के कारण अपने को धन्य माना है। कुवेंपु भारत को सर्वोपरि शक्तिदात्रीमाता मानते हुए कर्नाटक को उसकी बेटी या तनुजा कहा है। इस प्रकार कुवेंपु के सैंकड़ों गीतों में देशप्रेम का प्राजंलरूप, वीर रस का ओजरूप, राष्ट्र के प्रति भक्त की शरणागति का अद्भुत संगम देखा जा सकता है। स्वाधीनता संग्राम के दिनों में कुवेंपु के गीत कन्नड़ भाषियों के दिल और दिमागों को छू गये हैं, क्रांति के मशाल बन चुके हैं, ''प्रलयमुखी'', अग्निशिख बन चुके हैं। स्वतंत्रतापूर्व युग में कुवेंपु ही ऐसे कवि हैं जिन्होंने देशभक्ति को अपना काव्य-धर्म माना है।

राष्ट्रीय कवि एम. गोविन्द पै नवोदय युग के श्रेष्ठ हस्ताक्षर हैं जिनकी कविताओं में कर्नाटक और कन्नड़ भाषा के प्रति अतीव प्रेम एवं आदरभाव व्यक्त हुए है। ठीक वैसे ही भारत की पराधीनता का बोध भी इन्हें है। देश को दासता

से मुक्ति दिलाने की कामना इनकी कविताओं में देखी जा सकती है। गांधीजी के प्रभावपूर्ण व्यक्तित्व के प्रति गोविन्द पै विशेष रूप से आकृष्ट हुए हैं। देशप्रेम से युक्त इनकी मौलिक कविताओं के समान इनके द्वारा अनूदित कविताओं में भी देशप्रेम के नमूने हैं। ऐसी कविताओं में ''हिन्दुस्तान हमारा'' और ''तौलव माते'' विशेष उल्लेख के योग्य हैं। ''हिन्दुस्तान हमारा'' इकबाल की कविता का भावानुवाद है जो मौलिक कविता-सी लगती है। भारत का बड़ा मनोहर रूप इस कविता में मिलता है।

कवि गोविन्द पै ने राष्ट्रप्रेम को हर नागरिक का कर्तव्य स्वीकार किया है। कवि के अनुसार जो इस कर्तव्य से विमुख होता है, वास्तव में वह अछूत कहलाने योग्य है। कवि के शब्दों में–

राष्ट्र की उन्नति में जो अपने को नहीं लगाता, वह अछूत है,
अपने राष्ट्र के खिलाफ न सोचने वाला अछूत है,
स्वार्थ से राष्ट्रहित भूलने वाला अछूत है
राष्ट्र भक्ति को अपने में न समाने वाला अछूत है।

इस प्रकार हम देखते हैं कि गोविन्द पै की कविताओं में राष्ट्र चेतना हर नागरिक का धर्म बनकर अभिव्यक्त हुई है।

गांधी जी के व्यक्तित्व के प्रति कवि गोविन्द पै विशेष रूप से आकृष्ट हुए हैं। कवि ने उन्हें भारत का भाग्य विधाता कहा है और उनसे कहा है-

''भारत भाग्य विधाता- ला, ला, ला।
स्वराज्य दाता - ला, ला, ला।''

प्रस्तुत कविता में गोविन्द पै ने सारे भारत को एक माता के रूप में और यहां के विभिन्न कौमों के लोगों को उसी मां की संतान के रूप में देखा है। इसी प्रकार की भावना अन्य कविताओं में भी व्यक्त हुई है।

नवोदय काव्यधारा के प्रमुख और नव्य काव्यधारा के प्रवर्तक कवि गोपालाल कृष्ण अडिग स्वातंत्र्यपूर्व युग में यानी पराधीन भारतीयों के हृदय में अदम्य चेतना

एवं प्रेरणा देने वालों में से हैं। इनकी कविताएं स्वातंत्र्य एवं समानता के अग्निपूंज हैं, देशप्रेम के स्फुलिंग हैं। स्वातंत्र्य पूर्व दिनों में प्रकाशित इनके ''भावतरंग'' ''कट्टुवेवुं नावु'', ''नडेदु बंद दारि'' संकलनों की कई कविताएं इनके उज्ज्वल राष्ट्रप्रेम के उदाहरण हैं। गोपालकृष्ण अडिग अपने विद्यार्थी जीवन से ही गांधी विचार धारा से प्रभावित थे। उन्होंने एक स्थान पर लिखा है ''मैंने गांधी जी के प्रभाव में आकर आदर्शवाद को अपनाया। देश के लिए, अपने लोगों के लिए स्वार्थत्याग की आकांक्षा को अपनाया। मैंने कहनी और करनी के बीच संबंध बनाए रखकर जीने को ठान लिया था, तब मैं विदेशी कपड़े नहीं पहनता था, शक्कर नहीं छूता था, होटल नहीं जाता था....'' इस प्रकार देश के निर्माण के लिए, विदेशी आक्रमकों से अपने देश को मुक्त कराने के लिए अडिग ने अपनी कई कविताओं में प्रेरणा दी है। ''चल हटो, दूर जा, सफेद चमड़ी वालो'' कहकर उनको चेतावनी दी है।

''नेने नेने आ दिनों'' (याद करो वह दिन) अडिग की प्रसिद्ध लम्बी कविता है जो ''अगस्त नौ'' के क्रान्ति-कारी आन्दोलन के दिन की स्मृति में लिखी गई है। इस कविता में कवि ने अगस्त नौ के दिन देश के लिए कुर्बान हुए हजारों लोगों का स्मरण किया है तथा आवेश के साथ देश की मुक्ति के लिए जी-जान लगाकर लड़ने को कहा है-

याद करो, याद करो वह दिन
ओ भारत बांधव।
याद करो वह दिन।
भारत भूमि के सर्व वैभव का
जो कभी पहले उभरा नहीं था
भीरु भीरु बने वीर धीर वह दिन
घोर दमन-बड़वानल के साथ
निश्चिंत हो खड़ा था।

स्वातंत्र्य वेदी पर बलिदान कर चुके थे
याद करो वह दिन।

कवि स्वातंत्र्य के लिए एकदम लालायित हैं और ब्रिटिश शासन से एकदम परेशान हैं। इसलिए वह कहता हे कि ब्रिटिश तुम इस देश से हटो, भागो, हम भारतवासी तुम्हारे दास नहीं हैं, तुम हमारे मालिक नहीं हो। ब्रिटिश को इस देश से हटाने के लिए कवि के अनुसार देशाभिमान का अदम्य अमृत प्रवाह हर एक के शरीर में प्रवाहित होने की आवश्यकता है, तब जाकर ब्रिटिश से लड़ने का साहस देशवासियों में आता है।

उन दिनों स्वातंत्र्य सारे देशवासियों का लक्ष्य था, गंतव्य था जिसे हासिल करने की दिशा में हमें इस बात की आवश्यकता थी कि व्यक्तिगत जात-पांत के कटघरे को पार करके एक देश के वासी, एक कुल वाले की भावना से आगे बढ़ें। कवि अडिग अपनी एक कविता ''हम सब की एक ही जाति है'' में संघशक्ति से देश की मुक्ति के लिए लड़ने का आह्वान देते हैं-

हम सब की है एक ही जाति, एक ही मत, एक ही कुल,
हम मनुज हैं।
मनुज-मनुज के बीच की दीवारों को करेंगे चकनाचूर
हम विजय केन्द्र हैं।

स्वाधीनता संग्राम में वे व्यक्तिगत मतभेद और प्रान्तीयता से बाहर आकर देश के हित के लिए एकजुट होकर लड़ने को कहते हैं-

''जाति की गुफाओं से आइए बाहर खुले मैदान में-
कृत्रिम तिमिर की गहराई से विस्तार की रोशनी में-
मिल जाओ, शामिल हो आगे बढ़ने वालों की कतार में
अंधकार से लड़ने उत्साह की सेना में।

''साहस'' शीर्षक अपनी एक कविता में कवि अडिग पराधीनता की गुलामी से पिंड छुड़ाने के लिए भारतवासियों में ''साहस'' भाव की अनिवार्यता को महसूस

करते हैं। देशवासियों में जब तक ''साहस'' आता नहीं तब तक हमारा लड़ना बेकार रहेगा। ''साहस'' नामक उनका एक उदबोधन गीत है जिसमें कवि साहस का आह्वान कर रहा हैः–

आओ साहस, सत्वोन्नति का सिंगार,
आओ साहस, भाग्योदय का स्वागतकार।
भारत पर आज जड़ता का कुहासा छाया हुआ है
पराधीनता का घोर तिमिर हुंकार रहा है।
आओ, कर्तव्य शक्ति का ज्योतिधारी
आओ, परतंत्र बंधन मुक्तकारी।

यह ''उत्साह'' गोपालकृष्ण अडिग के देशभक्ति संबंधी गीत का स्थायी भाव है। इनकी कविताओं में राष्ट्रीय चेतना का अन्तः स्वर एक विशाल मानवीय धरातल पर उभर आया है। स्वाधीनतापूर्व युग में अपनी कविताओं के द्वारा राष्ट्रीय चेतना का शंख नाद करने वाले कवियों में अडिग का स्वर प्रमुख रहा है।

स्वातंत्र्यपूर्व युग की कविताओं में स्वाधीनता संग्राम का स्वर अत्यन्त क्षीण रहा है। काव्य की तुलना में कथा एवं उपन्यास साहित्य में स्वाधीनता संग्राम की प्रतिध्वनि अधिक प्रखर मात्रा में सुनी जा सकती है। यह आश्चर्य की बात है कि कुवेंपु के कई समकालीन कवियों की संवेदनशीलता स्वाधीनता संग्राम के प्रति नहीं रही है। इस कालावधि के कई कवि नवोदय (छायावाद) युग के महत्वपूर्ण हस्ताक्षर हैं जिनकी कविताओं में प्रकृति, रहस्यानुभूति, चिंतन, व्यक्तिगत हर्ष-विषाद का विस्तार से चित्रण मिलता है। मगर ये स्वाधीनता संग्राम की हवा से बिल्कुल असंपृक्त रहे हैं। स्वाधीनता संग्राम का अन्तःस्वर कुवेंपु और गोपालकृष्ण अडिग की कविताओं में जिस ढंग से मुखरित हुआ है, वह बेजोड़ है।

5

कश्मीरी कविता

बीसवीं शताब्दी के पूर्वार्द्ध में कश्मीरी कविता में राष्ट्रीय भावना का अन्तःस्वर प्रमुख रहा है। इस कालावधि में कश्मीरी के दो प्रमुख कवियों गुलाम अहमद महजूर (1888-1952) तथा अब्दुल अहाद आज़ाद (1903-1948) का योगदान प्रमुख रहा है। इन्होंने पराधीन भारत की राजनीतिक स्थिति, शासक वर्ग के शोषण, राजकीय कर्मचारियों के अत्याचार और जनजीवन की आर्थिक कठिनाइयों का चित्रण मुक्त रूप से अपनी कविताओं में किया है। इन दो कवियों ने कश्मीर की परम्परागत अध्यात्म और इश्क की शायरी से हट कर समकालीन परिस्थितियों का चित्रण करना अपना धर्म समझा।

सन् 1931 ई. में शेख महम्मद अब्दुला एवं अन्य नेताओं के नेतृत्व में कश्मीर में तत्कालीन शासकों के प्रति विद्रोह की भावना पैदा हुई। लोगों में नव चेतना का जागरण हुआ। देश-भक्ति की भावना के परिप्रेक्ष्य मे ''नए कश्मीर'' की स्थापना की भावना जोर पकड़ने लगी। देशभक्ति और नये कश्मीर की स्थापना की भावना को महजूर, आज़ाद एवं अन्य कवियों ने अपनी रचनाओं में प्रमुख स्थान प्रदान किया।

महजूर एवं आज़ाद ने देशभक्ति एवं राष्ट्रीय भावना की लहर को समृद्ध बनाने का सफल प्रयत्न किया। दोनों ने साम्प्रदायिकता और साम्प्रदायिक मनोवृत्ति का विरोध किया। इसे वे राष्ट्रीय चेतना और स्वराज्य-प्राप्ति के मार्ग में सबसे बड़ी बाधा मानते थे।

महजूर ने हिन्दुओं और मुसलमानों के आपसी मेल-मिलाप और भाई-चारे की भावना पर जोर दिया। उन्होंने साफ-साफ लिखा कि हिन्दू और मुसलमान दोनों मिलकर ही देश की नौका को पार लगा सकते हैं :

''हेंदय रटन नभ सूर्य गयन अहलिदीन,
नाव येमि मुल्कॅच चलावन पार्नेगंन्य।

उन्होंने हिंदू को ''शक्कर'' कहा और मुस्लिम को ''दूध'' जिनके आपस में मिलने और मिलजुल कर रहने पर वे बल देते हैं :

''हयोंद छू शकर, दवद मुसलमान साफ-साफ,
दवद तॅ बेयि शकर रलाविव पार्नेवान्य।

महजूर ने नए कश्मीर के सपने की संरचना देशभक्ति से ओतप्रोत कई गीतों में की। इनके एक ऐसे ही गीत का सार इस प्रकार है :

''कौवे बगीचे की रक्षा करेंगे ताकि कोई फूलों को तोड़कर न ले जाए। बाज़ किसी पक्षी को कष्ट नहीं पहुंचाएगा। छोटे, बड़े, कमजोर और ताकतवर का भेदभाव मिट जाएगा। डल झील में से मोती निकल आएंगे और वुलर झील की गहराई से जवाहर पैदा हो जाएंगे। एक दिन सारी दुनिया इन कीमती मोतियों और जवाहरों की तलाश करती हुई यहाँ आ जाएगी। साम्प्रदायिकता के हथियार खो जाएंगे, ताकि वे एक दूसरे से लड़ नहीं सकेंगे।....''

महजूर अपने कश्मीर के बारे में कहते हैं :

''मेरा वतन फूलों का वतन है। यह मेरा गुलशन है। पहाड़ों के बीच स्थित कल-कल करते हुए झरनों, चश्मों और सरोवरों का वतन है। बहार यहां हमेशा एक नया सन्देश लेकर आती है। ऐसे सुन्दर वतन के साथ प्यार का मोह होना लाजमी है।'' महजूर ने सोए हुए लोगों में जागृति प्रदान करने की भरसक कोशिश की। उन्होंने लोगों की दबी हुई आकांक्षाओं और आशाओं को जगाया। उन्होंने एक गीत में बेबस और गरीब मजदूर को ललकारा हैः–

''ऐ भूख से व्याकुल मजदूर। तुम अपनी गफ्लत की नींद से जागो और अपने पैरों पर खड़ा होना सीखो। अत्याचार ने तुम्हें बलहीन बना दिया है।''

''देखो, इंकलाब का प्रकाश लेकर सूर्य पूर्व की ओर से उदय हो चुका है।'' उन्होंने स्वतंत्रता प्राप्ति के लिए क्रांति की भावना को भी स्वर प्रदान कियाः-

रे बागवान। नई बहार की शान पैदा कर
खिलें फूल, बुलबुल फैलाएँ पंख, ऐसा सामान पैदा कर
ला आंधी-भूकम्प, गरज। तूफान तू पैदा कर।

महजूर द्वारा रचित देशभक्ति की भावना से ओतप्रोत एक कविता का काव्यानुवाद इस प्रकार है :-

फूलों से कहती है बुलबुल,
है मधुबन वतन हमारा
वतन हमारा मधुबन
है मधुबन वतन हमारा।
रंग-बिंरगे इस चमन में
चुपचाप फूल खिले हैं
हर तरफ फैली महक है इनकी
है मधुबन वतन हमारा।
इन ऊंचे-ऊंचे पर्वतों में
बसती रही हैं बहारें
शालीमार में ही फूल खिले क्यों
है मधुबन वतन हमारा।
फुलवारियों मे फूल हैं,
बाग, जंगल और चमन में
चाहत है बुलबुल की बढ़ती
है मधुबन वतन हमारा।
कोमल ये जंगल के कुसुम

निकले हैं जंगल की खोज में
कलियों ने हैं आंचल खोले
है मधुबन वतन हमारा।
चश्मों, नदियों और नालों में
घाटियों में और झरनों में
फैला संगीत है बहार का
है मधुवन वतन हमारा।
चारों तरफ हैं झूमर
सफेद दीवार संगमरमर
हरियाली-जैसे रत्न हैं
है मधुवन वतन हमारा।
ये हैं प्यार के मैदान सब
हरे भरे हैं सुनसान ये
जी उठता यहां है मरा हुआ
है मधुवन वतन हमारा।
सिंधु में तन- मन को धो के
मानसबल न्योछावर करके
हर मुखड़े के साथ देखें आप
है मधुवन वतन हमारा।
महजूर देश अपना
सुन्दर चमन है सुन्दर
तो प्यार इससे कर ले
है मधुवन वतन हमारा।

स्वतंत्रता प्राप्ति के पश्चात् महजूर को अपने सपने सब जगह साकार होते नजर नहीं आए। उनका वह असंतोष कुछ कविताओं में झलकता है :

है आज़ादी स्वर्ग की नूर
घर-घर घूमती फिरे क्यों?
केवल कुछ एक घरों के भीतर ही
नजर आती है घूमती है और अंगड़ाइयां लेती।
आज़ादी अब भी कहती है
नष्ट कर दूंगी सरमायादारी किंतु शायद इसीलिए यह
बटोर रही है सरमाया अपनों से भी
गरीबी, मुफलिसी अनमानी जवां-बन्दी
की छाया हम पर डालती है।

आधुनिक कश्मीरी कविता और राष्ट्रीय चेतना के क्षेत्र में महजूर का बहुमूल्य योगदान रहा है। कश्मीर की तत्कालीन परिस्थितियों से प्रभावित होकर देशभक्ति की भावना इनका प्रमुख स्वर रहा। यह स्वर इनकी प्रेरणा से आगे विकसित हुआ।

महजूर की ही भांति आज़ाद की कविताओं में राष्ट्र-प्रेम, देशभक्ति, जन-जीवन के प्रति सहानुभूति और उन्हें पराधीनता से मुक्त करने की भावना का वर्णन मिलता है। आज़ाद गरीबों के प्रति अपनी संवेदनशीलता को इस प्रकार प्रकट करते हैः–

गरीबन खानॅमांलिस क्युथ बेछिथ सोंतकोंल बनुन मुश्किल,
अमीरन खूनँ तमिसॅन्दि हून रोछमुत टाठन्यारस क्युथ।...

(अतः एक ओर गरीब को अपने लाडले बच्चे के लिए भीख मांगकर भी जरा-सा सत्तू मिलना कठिन है, और दूसरी ओर अमीर उसके खून से अपने कुत्ते को पाल रहा है।)

आज़ाद ने समकालीन शोषित वर्ग के दुःख-दर्द तथा आर्थिक कठिनाइयों का चित्रण विस्तार से किया है। उन्होंने दुःख-दर्द झेलते हुए पराधीन देशवासियों को आशा बंधाने की कोशिश करते हुए सम्बोधित किया, ''जुल्म और अन्याय एक दिन मिटकर रह जाएंगे और वह दिन दूर नहीं जब हम अपने देश के स्वयं स्वामी

होंगे। गरीबों का लहू अवश्य रंग लाएगा। न रहेगा साहूकार और न रहेगा पूंजीपति।'' कुछ पंक्तियाँ इस प्रकार हैं :-

आसि दोह अंकरीब दीदॅ वुछन ख्वशनसीब
मेरि यि खूनि गरीब जोश दिशन आशकर
व्यथि यि तूफान ज़न त्रावि पथर ज़ालिमन
कोरि कोहन जंगलन मेरि करान लूरॅ पार
जिन्दॅ कवि सूदखोर रोजि या सरमायिदार।

महजूर की ही तरह आज़ाद ने भी हिन्दुओं और मुसलमानों को मिल-जुलकर रहने की सीख दी। उन्होंने हिंदू और मुसलमान, मन्दिर और मस्जिद को एक समान समझ कर, धर्म के नाम पर भेदभव को मिटाने की सीख दीः–

युथ में विश ह्योंर तॅ तिथुय मुसलमान
दीन म्योन मिलचार धर्म यकसान
सारिनॅय क्युथ छू नूरॉन म्योन
युथ में निश काबा त्युथुय बतखान्।

आज़ाद ने युवा वर्ग को सीख दी कि उन्हें अपने पांव पर खड़ा होकर स्वयं अपनी समस्याओं को सुलझाना होगा। अवसरवादी नेताओं के चक्कर में पड़कर एक भेड़ की भांति उनका अंधानुकरण नहीं करना चाहिए। ऐसा न हो कि वे उन्हें चरागाह में ले लाने के बहाने किसी खाई में गिरा दें :

चॅ व्यथ रोज़ इस्तादॅ पनॅन्यन कोठ्यन पेठ
पनॅन्य न्याय पानॅ ऑज़राव नव जवानों।
बूंठिमिस पत् पतॅ पकवॅनि तीर्या
पानॅ ति ब्रोंठकुन नज़रा कर
खयि मंज़ मारॅ गछख नय हंज़ि वेरे।....

आज़ाद ने कई कविताओं में निर्भीक आवाज़ में स्वतंत्रता प्राप्त करने के लिए क्रांति लाने का आहूवान किया। शोषित वर्ग को सम्बोधित करते हुए वे कहते हैं:–

''अपने आपको पहचानो और गुलामी के कलंक को मिटा दो। तेरी मेहनत के बल पर दूसरे पूंजीपति बन रहे हैं। तू किन्हें प्यार करता है? किनसे डरता है? और किनके लिए मरता है? जिनके लिए तू अपना खून-पसीना बहाता है क्या उनका अपना खून सूर्ख है और तुम्हारी नसों में खून के बदले पानी है?

...पान पनुन प्रज़्वाह छाव पनुन लोलॅ बाग
दाग ग्वलामी मिटाव हाव पनुन दिल दिमाग
चान्य खयालन बनाव ख्वजॅ अमीर बॅड्य नवाब
इंकलाब अन, इंकलाब अन, इंकलाब...
सजदँ कमन छुख करान खोफॅ कहंदि छुख मरान
लोल छुख बाजरावान ब्रान्दॅ कन्यन सोन जरान
आसि तिहुन्द खून स्वर्ख छुम चे रगन मंज आब
इंकलाब अन, इंकलाब अन, इंकलाब...

इस तरह 'आज़ाद' ने अपनी कई कविताओं में देशभक्ति और राष्ट्रीयता को स्वर प्रदान किया।

कश्मीरी में राष्ट्रीयता के स्वर दीनानाथ नादिम, अर्ज देव मजबूर, प्रेमनाथ कौल अर्पण आदि की कविताओं में बराबर गूंजते रहे हैं। अन्य भारतीय भाषाओं की तरह कश्मीरी भाषा में पद्य के अलावा गद्य साहित्य में भी राष्ट्रीय भावना के स्वर प्रमुख रहे हैं।

6

गुजराती कविता

1920 से लेकर 1927 तक के कालखण्ड को स्वातंत्र्य संग्राम के ''पूर्ण-जागृतिकाल'' के रूप में पहचाना जाता है। उस दौरान रचित गुजराती कविता के अंतःस्वर के सम्यक् निरूपण के लिए उस साहित्य के इतिहास से सम्बद्ध प्रमुख सोपानों का अवबोध प्राप्त करना आवश्यक है। (1920 से पूर्व का काल गुजराती साहित्य में ''पंडित युग'' के नाम से पहचाना जाता है)। 1915 में गांधी जी अहमदाबाद में रहकर, विभिन्न सामाजिक व राजकीय गतिविधियों का व्यापक रूप से संचालन करने के कारण 1920 से लेकर उनकी हत्या तक के कालखण्ड को ''गांधीयुग'' के नाम से अभिहित किया गया हैं 1947 में भारत स्वतंत्रता प्राप्त कर लेने के तुरंत बाद गुजराती भाषा साहित्य में ''नव प्रस्थान युग'' का प्रांरभ हो जाता है। ''पंडित युग'' के जिन प्रमुख कवियों ने 1920 और उसके पश्चात् गुजराती कविता के अंतःस्वर का निर्माण कर, उसको विभिन्न प्रवृत्तियों और रूपों के माध्यम से अभिव्यक्त करने का महत्कार्य किया उनमें बलवंतराय कल्याणराय ठाकोर (1869-1925, न्हानालाल दलपतराम कविर 1877-1946), अरदेशर फराम जी ''खबरदार'' (1881 : 1953) आदि के नाम विशेष उल्लेखनीय है। गांधी युगीन उन प्रमुख कवियों में, जिनकी कविता में गुजराती कविता का अंतःस्वर उत्कटता से मुखरित हुआ उनमें झवेरचंद मेघाणी (1847-1947) कृष्णलाल श्रीधराणी (1911-1960), करखनदास माणेक (1901-1978), पूंजालाल दलवाड़ी (1901-1985) झीणाभाई रतनजी देसाई (1903-1994), उमाशंकर (1911-1988), त्रिभुवनदास लुहार ''सुन्दरम'' (1901-1991) आदि उल्लेखनीय है। गुजराती-साहित्य

में 1920 के आसपास प्रारंभ होकर 1947 तक चलने वाला यह कालखण्ड आधुनिक हिन्दी साहित्य के ''द्विवेदी युग'' और उससे प्रारंभ होने वाले छायावाद, प्रगतिवाद एवं प्रयोगवाद का समसामयिक रहा है।

1920 से लेकर 1947 तक के स्वातंत्र्य संग्राम के ''पूर्णजागृति काल'' में प्रत्यक्ष या परोक्ष रूप से हिस्सा लेने वाले गुजराती भाषा के प्रायः सभी प्रमुख कवि मुंबई विश्वविद्यालय में शिक्षा प्राप्त होने के कारण असाम्प्रदायिक मानवतावादी थे, और बौद्धिकता, वैज्ञानिकता और तटस्थ एवं संतुलित शास्त्रीय पर्यवेक्षक दृष्टि से दीक्षित थे। इसके अतिरिक्त अंग्रेजी शिक्षा का विरोध कर ''राष्ट्रीय शिक्षण'' की तरफदारी करने वाली गुजरात विद्यापीठ (अहमदाबाद), राष्ट्रीय शाला (राजकोट) तथा दक्षिणामूर्ति (भाव नगर) आदि संस्थाओं के अनेक स्नातक और अध्यापक थे जो गुजराती साहित्यकारों में सम्प्रदाय निरपेक्षता, राष्ट्रीय चेतना, बौद्धिकता, भारतीय अस्मिता, उदार विश्वमानवता का सहज विकास भी कर रहे थे। परिणाम यह हुआ कि ये सब कवि गुजरात प्रदेश की अपनी जो समस्याएं थीं केवल उन तक सीमित न रहकर वैश्विक समस्याओं से भली-भांति जुड़कर अपने चिंतन को सम्यकरूपेण विकसित कर सकने में समर्थ थे। बिहार, आंध्र आदि प्रदेशों के कवियों के विपरीत गुजराती भाषा के कवियों में प्रादेशिक समस्याओं के प्रति जागरुकता के साथ-साथ भारतीय एवं वैश्विक समस्याओं के प्रति भी जो एक विशेष सम्पृक्ति दृष्टिगत होती है वह उनका विशिष्ट प्रदेय है। गांधीजी आम जनता की-सी सादगीपूर्ण एवं तपस्वी की-सी जीवन यापन रीति, मानवता और विश्वराजनीति से सरोकार रखते थे। उसका असर गुजराती भाषा के कवियों पर पड़ा। परिणाम यह हुआ कि आधुनिक हिन्दी काव्य के 1918 से 1935 तक के कवियों की भांति भावुकतापूर्ण आत्माकांक्षी, आकाशचारी या पलायनवादी बने रहने के विपरीत गुजराती कवि गहरी विचार प्रधानता एवं सामाजिक यथार्थता से विशेष सम्पृक्त रहे। इसी जनसम्पृक्ति का असर यह हुआ कि 1920 के पूर्व के ''पंडित युग'' की शास्त्रीय व आलंकारिक, सत्समबहुल भाषा के स्थान पर 1920 से शुरू होने वाली कविता में खेत-मजदूर को भी समझ में आ सकने वाली निहायत

सरल भाषा-शैली का नूतन युग विकसित हुआ। 20 वर्ष की उम्र वाले युवा कवि उमाशंकर जोशी का कवि जीवन ''विश्वशांति'' (1931) खण्ड काव्य से उद्घाटित होता है। ''विश्व शांति काव्य'' में उस दर्दपूर्ण मानसिकता का उत्कृष्ट निरूपण है। प्रथम विश्व युद्ध के दौरान 16 विग्रह काव्यों का एक सोनेट-संग्रह प्रस्तुत कर बलवंतराय ठाकोर ने वैश्विक समस्याओं से गुजरात के गहरे सरोकार का स्पष्ट परिचय दिया था। विश्व की समस्याओं के साथ-साथ गुलामी से भारत की मुक्ति की कामना को समर्थरूपेण व्यक्त करने वाला ''आजादी बढ़ेगी ही'' सोनेट लिखकर बलवंतराय ने जन-जन की आशा और श्रद्धा को व्यक्त किया था।

गुजराती कविता का अंतःस्वर ''त्रिणिपदे विचक्रमे विजानियात् पदम्'' के समान तीन पदों में प्रस्तुत किया जा सकता है। प्रथम पाद है-गुजरात प्रदेश की अपनी समस्याएं : साहित्य में सरल भाषा-शैली के व्यवहार की आवश्यकता, देशी रजवाड़ों के अहंकार भरे अत्याचारों व गुलामी से ग्रामीण जनता का पिण्ड छुड़ाना, देशी राजाओं के मन में अंग्रेजी शासन-प्रणाली के प्रति विरोध जागृत कर उनको अंग्रेजों की-सी विलासिता से मुक्त करना, कल-कारखानों और कपड़ा मीलों में श्रम करने वाले श्रमिक जनों के लिए समुचित वेतन एवं न्यूनतम आवश्यकताओं की सम्पूर्ति का आग्रह रखना, किसानों व खेत मजूरों पर लगी खेतों की लगान माफ कराना और दैनिक भत्ते का भुगतान कराना, अनपढ़ गरीब लोगों की बेकारी और बेगारी की समस्याओं को दूर करने के समग्र खेड़ा जिला, बारडोली, जूनागढ़ आदि शहरों में लोक सत्याग्रहों का आयोजन करना, शराबबंदी करके शराबखानों पर पीकेटिंग करना, नारी जागृति, दलितोंद्धार आदि का प्रथम पाद में उल्लेख किया जा सकता है। (2) गुजराती कविता के अंतःस्वर का दूसरा रूप है सारे देश की समस्याओं व मांगों का समर्थ चित्रण एवं निरूपण व अंग्रेजों को देश से भगाकर पूर्ण स्वतंत्रता की प्राप्ति के लिए बड़े पैमाने पर सविनय कानून भंग करना, सत्याग्रह आदि विविध कार्यक्रमों का स्थान-स्थान पर आयोजन करना, गुजराती के साथ-साथ जनभाषा हिन्दी को माध्यम बनाना, दक्षिण भारत और उत्तर भारत अर्थात् समूचे देश में हिन्दी के प्रचार-प्रसार को क्रियान्वित करने के लिए विविध

स्तरीय हिन्दी परीक्षाओं का आयोजन कर स्वतंत्रता संग्राम के साथ-साथ आमजीवन के व्यवहार में भी सरल हिन्दी भाषा का प्रचलन करना, रौलेट एक्ट, जलियांवाला बाग का नृशंस सामूहिक हत्याकाण्ड तथा बंगभंग का सख्त विरोध करना, हिन्दू-मुस्लिम एकता का विकास, अस्पृश्यता-निवारण, सामाजिक रीति-रिवाजों का सुधार, अंग्रेजी शिक्षा का बहिष्कार, राष्ट्रीय शिक्षण का प्रसार, विदेशी वस्त्रों का सामूहिक परित्याग, चरखा तकली पर सूत कातना, करघा पर खादी बुनना, ''इन्किलाब जिंदाबाद'', ''करेंगे या मरेंगे'' के नारे बुलंद करना आदि-आदि को देश की समस्याओं के रूप में रेखांकित किया जा सकता है। (3) गुजराती कविता के अंतः स्वर का तीसरा रूप है। वैश्विकः इसमें राष्ट्र, धर्म, जाति, लिंग आदि से परे उठकर विश्वशांति एवं विश्वमानवता की स्थापना की आवश्यकता का बोध प्राप्त कर उसको चरितार्थ करना तथा उसके बाधक उपकरणों का जी-जान से प्रत्याख्यान करना, पराधीन होते हुए भी प्रथम और द्वितीय विश्वयुद्ध के प्रति अपने सम्यक् प्रतिभावों की निर्भीक अभिव्यक्ति कर अंतरराष्ट्रीय राजनीति को नया मोड़ देना, हिन्दूभाव से ऊपर उठकर हिन्दीभाव (इंडियनहूड) को दृढ़ करना आदि का उल्लेख किया जा सकता है।

गुजराती कविता के उल्लिखित अंतःस्वरों में से कुछ प्रधान स्वरों का सोदाहरण निरूपण करते समय राजकीय गुलामी से मुक्ति की मनीषा और उसको चरितार्थ करने के उपायों को प्राथमिकता दी जा सकती है।

मुक्ति की मनीषा :

भूमि के जिस मनुष्य के लिए ''न मानुषात् श्रेष्ठतरं हि किंचित्'' कहा गया है, उसे गुलाम देखने की कल्पना तक युवा कवि उमाशंकर के लिए असह्य थी। सारी प्रकृति को स्वतंत्र और केवल मानव को गुलाम देख कर जोशीजी चीत्कार कर उठते हैं। वे मनुष्य को सृष्टिरूपी बाग का अमूल्य फूल बताते हुए कहते हैं कि मैं मानवी गुलाम कैसे हो सकता हूँ-जबकि समग्र सृष्टि की प्रत्येक वस्तु मुक्त हो?

"हूँ गुलाम?
सृष्टि बागनुं अमूल फूल मानवी गुलाम?
× × ×
स्वतंत्र प्रकृति तमाम

(एक मानवी जग गुलाम?") ("गुलाम"- 1930) शांति और अहिंसा में श्रव्द्धा रखने वाले जोशी जी स्वतंत्रता 1934 प्राप्ति के लिए अपेक्षित पौरुष-चेतना से अनुप्राणित होकर आवश्यकता पड़ने पर ज्वालाओं को चूमने के लिए भी तत्परता व्यक्त करते हैं। वे कहते हैं-

"ज्वाला चूमुं सिंदूर पांखडीऐ
काने भरूं गान स्वतंत्रता नुं।-" गंगोत्री 1934

अपने इस "गंगोत्री" काव्य संग्रह की "बारणे बारणे बुद्ध" (द्वार-द्वार पर बुद्ध) नामक कविता में विश्वयुद्धों के कारण त्रस्त संत्रस्त मानवता की शांति के लिए घर-घर में गांधीजी और बुद्धं की अहिंसा और करुणा जगाने के लिए वीरों का आह्वान करते हैं-

"मानवता उर वासी रही रण-आंगण शोषित क्षुब्ध
वीर, उठ आज लड़ी लो त्यारे जुधनी सामे जुद्ध
ओ रे। जुद्धनी सामे जुद्ध
घरे घरे वीर गांधी जगावो, बारणे बारणे बुद्ध।"-1932

गुलामी से मुक्त होने की उत्कट भावना से प्रेरित होकर सन् 1930 में गांधीजी द्वारा छेड़े गए राष्ट्रव्यापी सत्याग्रह में सक्रिय भाग लेने के अपराध में अन्य बुद्धि-जीवियों के साथ उमाशंकर को भी सरकार द्वारा पकड़ लिया जाता है। उन्हें वीसापुर जेल में बंदी बनाकर रखा जाता है। कवि जेल में रहते हुए जब यह महसूस करता है कि अंग्रेजों की ओर से हमारी जनता पर जो अत्याचार किए जाते हैं उनके मूल में है हमारा धनिक वर्ग। तब उन्हें ललकारता हुआ कवि यह आह्वान करता है कि जब दलितों व पीड़ितों की जठराग्नि प्रज्चलित हो उठेगी तब तुम्हारे बड़े-बड़े,

ऊंचे-ऊंचे गगनचुंबी भवन और आरामगाह चकनाचूर हो जाएंगे। धनिकों की आरामतलब, विलासपूर्ण जीवन-रीति के प्रति कठोर व्यंग्य करता हुआ कवि क्रंदन कर उठता है -

> ''रचो रचो अंबर चुंबी मंदिरो। ऊंचा चणीम्हेल चणो मिनारा।
>
> × × ×
>
> भूख्यां जनोनो जठरागि जागरो खैडेरनी भस्मकणी नलाधते।''
>
> -जठराग्नि, गंगोत्री 1934

कवि कृष्णलाल श्री धराणी सारे देश के तैंतीस करोड़ गुलाम दुःखी जनता को एकत्रित होकर सभी दिशाओं में भारतमाता की स्वतंत्रता के गान की बुलंदी को भर देने का आह्वान करते हैं–

> ''आओ गुलामो, आओ पीड़ितो, तेत्रीस क्रोड़ मलो संतान।
> सर्व दिशायां कान विदारी, गआवो मातनुं मुक्ति गान।''
>
> -''कोडियां''-1934

मुक्ति के उपाय :

गुलामी से मुक्ति प्राप्त करने के दो मार्ग थे-(1) अस्त्र शस्त्र पूर्ण हिस्रंक क्रांति का मार्ग और (2) सविनय शांतिपूर्ण अहिस्रंक मार्ग।

(अ) कवि सुन्दरम् ''घण उठाव'' नामक प्रतीकात्मक कविता में अपनी भुजाओं से लोहे का घन-हथोड़ा उठाकर जीर्ण पुरानी रूढ़ियों, गुलामी की जंजीरों आदि को चकनाचूरकर देने को कहते हैं–

> ''धणुंक धणुं भांमयुं, घण उठाव, मारी भुजा।
> झणुंक धणुं लोडवुं, सुं फटकार घा, ओ भुजा।

कवि न्हानालाल ने अपने ''कुरुक्षेत्र'' प्रबन्ध काव्य में अंग्रेजों के विरुद्ध धर्मयुद्ध प्रारम्भ करने का आह्वान किया है।

"पार्थने कहो च्हाडोवे बाण, हवे तो जुद्ध एज कल्याण"

× × ×

आर्य सुजनता दैव्य गणी तो युत्व एज युगधर्म।

(आ) क्रांतिकारी प्रयत्नों के विपरीत दूसरी ओर शांति प्राप्ति के लिए अहिंसावादी विचारधारा की आवश्यकता एवं महत्ता का निरूपण कई कवियों ने किया है। कवि उमाशंकर अहिंसा से आर्द्र बनने एवं सत्य से प्रकाशित होने की सिफारिश करते हैं-

"अहिंसाथी भींजावो ने प्रकाशो सत्य तेज थी,
शांति नो जगते मारे मार्ग एक वीजो नथी।"

गरीबों के प्रति सहानुभूति :

कवि सुन्दरम् ने अपनी "कड़वी वाणी"-1933 नामक कविता संग्रह में "त्रण पाडोशी" (तीन पड़ोसी-मंदिर में बसे भगवान राम, हवेली में रहते सेठ और झोंपड़ी में रहती माकोर नामक वृद्धा।) नामक कविता में वृद्धा के माध्यम से सभी गरीबों के प्रति अपनी सहानुभूति व्यक्त की है। माकोर वृद्धा प्रतिदिन आधी रात को उठकर चक्की चलाकर लोगों के लिए अनाज पीस-पीसकर अपना गुजारा तो करती है; किन्तु उसके माथे पर अकाल पीड़ितों के ऊपर मंडराने वाली मौत गर्जना कर रही है -

"माकोर उठी अंग मरोडे, पेटावे दीपक ज्यो,
धान लईने दकवा बेसे रामनी मागी ओथ
घरेराट घंटी गाजे रे, भूखी डांस घंटी गाजे रे
गाजे जेय दुकाकीआनुं मौत।

"गंगोत्री" नामक कृति में कवि उमाशंकर गरीबों के वास्तविक जीवन के प्रति "लोहार की लाल भट्ठी" के प्रतीक के माध्यम से सहानुभूति व्यक्त करते हैं-शरीर की अस्थियाँ-हाड़-हथौड़ा है, इस हथौड़े के प्रहारों से पेट के पातालों को तोड़ना

है-फेफड़ों की धोंकनी की हवाओं से जेठराग्नि को प्रज्वलित करता है और तभी मुट्ठीभर धान्य की आशा हो सकती है-

''हाड़नो काधो हथोडो, भाई। हाडनी काधो हथोड़ो
रातने दोडो जोया बिना, पेटनां पाताल फोडो। भाई हाडनो...
फेंफसां फूंकी हॉफी हॉफी ने, धमण खूब धमावी
भडभड बल्ला हैथानी काई भट्ठी लाल धिकावी।
मूठी धाननी आशा लावी।– हथोडा ने गीत, 1932

मूठी धाननी आशा लावी।– ''हथोडानेगीत'': 1932 ''घाणीनुंगीत'' (चक्की का गीत) नामक अपनी एक अन्य कविता में घाणी में जुते बैल के प्रतीक द्वारा गरीबों के पशुवत् जीवन का मार्मिक चित्रण करते हुए उमाशंकर बताते हैं:-

''जीवते जीवत ढोरनी परै नीची मूंडी जोतराया
एवो कियो पाप आडे आयो ते अबली घाणीये पिलाया''-1932

''युगवंदना'' के कवि मेघाणी, जिनको गुजरात का लोक लाडिला राष्ट्रीय शायर कहा जाता है, किसानों और गरीबों के दुःखों को देखकर आश्यर्चचकित होकर हमसे पूछते हैं–

''पृथ्वी पर राज कोनां, सच्चा श्रमजीवीओनां
खेडूनां खाडियानां उधमवंतोना।

कवि का आशय है कि देश में क्रूर शासकों व शोषकों का नहीं प्रत्युत सच्चे अर्थों में श्रमीजीविओं का ही शासन होना चाहिए। उद्यमशील किसानों का शासन होने की भावीकल्पना करने वाले कवि के आर्यदर्शन को भी नजरअंदाज नहीं कर सकते। आधुनिक हिन्दी के कवि निराला की ''तोड़ती पत्थर'', भिक्षुक'' आदि कविताओं के दीनहीन नायक नायिकाओं की करुणस्मृति दिलाता हुआ कवि आगे कहते हैं कि पसीना बहाने पर भी कदम-कदम पर छोटे बच्चों की मृत्यु को रोका नहीं जा सकता। मृत्यु का कारण है मुट्ठीभर धान की कमी। यथाः

''धरती ने पट बगले पगले, मुट्ठीधान बिना नानां बाल मरे।''

वीर सेनानीः

उन्होंने सम्पूर्ण स्वतंत्रता हासिल करने का जो माहौल बनाया वह अत्यंत उत्साह-प्रद एवं अनुकरणीय था।

> ''शूराओनो साद पडे न सूता बेठा थाय
> दूधमल दिकरा देखी माने कोठे दीवा थाय।''

कवि श्रीधराणी ने प्रस्तुत पंक्तियों में मातृभूमि की स्वतंत्रता के लिए आह्वान होने पर मां के दूध से पुष्ट जीवन के सुखों को छोड़कर उठने वाले नव-युवाओं के दृढ़ संकल्पों के साथ-साथ उनकी वीर माताओं के अंतर में जल उठने वाले उत्साह-दीपों का जो चित्रण किया है वह अतीव भास्कर है।

12 मार्च, 1930 को गांधीजी ने नमक कानून को तोड़ने के लिए भारत के पश्चिम सागर तटस्थ गुजरात के दांडी स्थान पर चुने हुए सत्याग्रहियों को साथ लेकर उल्लास और आवेगपूर्ण अभियान करने की घोषणा की थी। गुजरात के दांडी के अतिरिक्त घीलेरा, वीरमगाम आदि स्थानों में भी सत्याग्रहियों की टुकड़ियाँ भेजी जानी थीं। इन वीर सेनानियों ने सकंल्प किया था कि जब तक हम अपने स्वतंत्रता अभियान में सफल नहीं होंगे तब तक अपने-अपने स्थान आश्रमों में वापस पैर नहीं रखेंगे। निम्नलिखित पंक्तियों में यही संकल्प बुलंदी से व्यक्त हुआ है–

> ''आववुंन आश्रमे-मले नहीं स्वतंत्रता।
> जंपवुं नथीलगार-जो नहीं स्वतंत्रता।
> स्नेह, सौरव्य सौ हराम-ना यदि स्वतंत्रता।।''

देश में आध्यात्मिक जागृति लाने से पूर्व गुलामी से मुक्ति पाने के लिए ''पांचजन्य'' फूंकनेवाले कवि पूजालाल ने सैंकड़ों कविताओं के द्वारा देशः की मुक्ति की उत्कट कामना निनादित की है। मातृभूमि की स्वतंत्रता के लिए शंखनाद करते हुए ये वीरों से कहते हैं कि उद्दाम, पराक्रमी और यमदूत बनकर उत्तिस्ठत युद्ध में घुसो। विवेकानंद जी ने ''उत्तिष्ठत जाग्रत'' का जो आह्वान

किया था उसकी स्फूर्ति की स्मृति जाग्रत कर शौर्य से झंकृत कर देने वाली निम्नलिखित पंक्तियों में वे ललकारते हैं-

"उठ उठ उद्दाम बनी जा, प्रौढ़ पराक्रम दाखव पूत
गर्जी उठ भयंकर वादे युद्धे घूम बनी यमदूत।"

कवि श्रीधराणी विरचित निम्नलिखित पंक्तियों में उपर्युक्त भावनाओं का प्रतिघोष सुना जा सकता है। यहां कवि वीर सेनानी का संग्राम से जुड़ जाते समय अपने परिवारजनों-पुत्र पत्नी को जन्ममृत्यु को जुहार देते हुए बताते हैं कि जुल्म करने वाले जालिम भी शांत होकर नहीं बैठेगे। भले ही हम सब खत्म हो जायेंगे पर पराजय को स्वीकार नहीं करेंगे–

"पुत्र दार
जन्म मृत्यु जुहार।
जंपवुं न, जालीमोय जेपशे न, सौ खुवार।
मृत्यु के स्वतंत्रता, लखी न आ ललाट हारो- कोडियो-1930

जिसके तन से अग्नि के स्फुलिंग झरते हों, आंखों में ज्वालाएें भड़कती हों, अंतर में मर्दानाभाव भरा हो ऐसे भारतीय वीरों की अपनी जन्म-भूमि की रक्षा के लिए प्राण न्योछावर कर देने को निकल पड़ते वीरों के स्मरण से आज भी तन रोमांचित हो जाता है। यथा–

"तन तणखा, लोचन भड़का हेये मरदानी हाम
घुमता घोर ठोर ठोर जीभे भारत नाम।"

–भारतनोटंकार-1941

कवि खबरदार ने अपनी "संदेशिका" (1925) काव्यकृति की "गुजरातनो यज्ञकुंड", "ओ गुजरात! ओ गुजरात" तथा "देवानुखय्यर" नामक कविताओं में हमारे वित्तमंत्री को कंपा देने वाला शौर्यभाव का जो निरूपण किया है वह आज भी उतना ही ताजा प्रतीत होता है। मोहनलाल मेहता "सोपान" की प्रतिष्ठा तो सारे गुजरात में "युद्धकवि" के रूप में हो गई थी। वे देशभक्ति की नई-नई

कविताओं को बड़े जोश के साथ गा-गा कर जनता को राष्ट्रीयभाव-सागर में सराबोर कर देते थे। घोलेरा में छेड़े गये नमक सत्याग्रह के समय बजती रणभेरीं और रणबांकुरों के हुंकारों-चुनौतियों का वर्णन करते हुए उन्होंने गाया है-

''रणभेरी आ वागे क्यां? घोलेरा घोलेरा,
रणवीरी पड़कारे क्यां? घोलेरा घोलेरा।

''ये सर जावे तो जाये... पर आजादी घर आये, ''सारे जहां से अच्छा हिन्दोस्तां हमारा'', ''सरफरोसी की तमन्ना अब हमारे दिल में है तथा ''सर कटा सकते मगर सर झुका सकते नहीं'', वीरों का कैसा हो वसंत'' तथा ''हम दीवानों की क्या हस्ती'' आदि देश प्रेम पूर्ण प्रख्याति प्राप्त हिन्दी कविताओं में देशभक्ति से प्रेरित होकर किसी भी प्रकार की आपत्ति को सहर्ष सर पर चढ़ा लेने तथा मातृभूमि के लिए आवश्यकता पड़ने पर फ़ना तक जाने की जो उत्कट तत्परता अभिव्यक्त हुई है उसका स्मरण दिलाने वाली कई कविताएं गुजराती में भी मिलती हैं। गुजराती के शौर्यकवि झवेरचंद मेधाणी को नमक सत्याग्रह के दौरान जबरन पकड़कर विदेशी सरकार के कठघरे में गुनहगार के रूप में हाजिर किया जाता है और जब न्यायाधीश उनको कैद की सजा सुनाते हैं तब उपस्थित जनता की भीड़ में से आवाजें आती हैं–''जेल में जाने से पहले एक गीत सुना दो।'' सारे जनसमूह पर कवि मेधाणी के कंठ का राष्ट्रभाव और आशु-कवित्वशक्ति का जादूई असर ऐसा छा गया कि न्यायाधीश भी गीत सुनते रहे। उस गीत का शीषर्क है-''छेल्ली प्रार्थना'' (अंतिम प्रार्थना) और आशय है कि हमें अपने पर लगाए गए आरोपों का कुछ पता नहीं है। हम यह नहीं जानते कि हमें किस अभियोग के लिए पकड़ा गया है और हमारे माथे पर कौन-सी आपत्ति खड़ी हुई हैं, हमें मात्र यही मालूम है कि भारतमाता की हालत नाजुक है और सबको दीवाने होकर निकल पड़ना है। यथा–

''नथी जाण्युं पंक्ष शी आपन्त खड़ी छे
खबर दो एटली के मातनी हाकल पड़ी छे।''

शोषण से मुक्ति :

राजकीय स्वातंत्र्य के अतिरिक्त समाजिक अन्यायों, शोषण एवं वर्ग विषमताओं से मुक्ति दिलाने के लिए गांधीजी ने अनेक राष्ट्रव्यापी कार्यक्रमों का आयोजन किया था। कार्लमार्क्स भी सामाजिक वर्ग संघर्ष एवं शोषण से मुक्ति दिलाना चाहते थे; किन्तु उनका मार्ग शोषक-वर्ग के प्रति अवमानना से भरा था-हिंसक संघर्ष का हामी था जबकि गांधी जी ने विविध प्रकार की विषमताओं का उन्मूलन कर समता की स्थापना के लिए हृदय-संवाद एवं सहानुभूति का अहिंसक मार्ग खोजा–अपनाया था। कार्लमार्क्स के द्वारा आर्थिक साम्यवाद की स्थापना–भौतिक स्तरीय समानता की स्थापना की जा रही थी तो गांधी जी ने विपक्ष के प्रति भी सहानुभूति, दया, औदार्य-क्षमाभाव बनाये रखने की हिमायत करके सर्वोदय की भावना विकसित की थी। गुजरात के प्रायः सभी कवियों ने विरोध की बात भी नम्रता एवं हृदयस्पर्शी ढंग से प्रस्तुत की है। श्रीधराणीजी ने सभी भूखे जनों को इकट्ठा करके इन्सान को जीने के लिए आवश्यक ऐसी न्यूनतम चीजों की मांग की है–इससे भारतीय दलितों की परिसिथिति की दयनीयता का भी बोध प्राप्त होता है।

''भूख्यां अमे सौ भेगा मलीने, मागीए रोटी, पीवा जल पान
लूगडां ढांकवा लाज अमारी, जववुं जेम जीवे इन्सान।''-कोडियां''

शोषण से मुक्ति और गुलामी से स्वतंत्रता प्राप्ति के लिए जिन दो प्रकार की विचारधाराओं के प्रति ऊपर संकेत दिया जा चुका है उनमें से एक को उद्दामवादी-क्रांतिकारी या होम पर कूद पड़ने की उत्कट भावधारा कह सकते हैं, इसका निदर्शन करने वाली अनेक कविताएं उधृत की जा सकती है। सौराष्ट्र के ''लोकप्रिय शायर'' मेघाणी जो अपनी ''युगवंदना'' कृति में दीन दुखी जनों के अपने अधिकार की रखा के लिए कटिबद्ध होने का आह्‍वान करते हुए कहते हैं कि अपने अधिकारों के प्रति जागृति और उसकी सम्प्राप्ति के लिए अनवरत संघर्ष करते रहना अनिवार्य है तभी शोषण से मुक्ति मिल सकती है। 8 अगस्त, 1942 में मुंबई महानगर के गोलिया टेंक रोड़ पर आयोजित विराट क्रांतिमार्च की स्मृति

में आज भी ''अगस्त क्रांति मार्च होता है। 1952 के अगस्त में अगस्त क्रांति'' की सिल्वर ज्युबीली समारोह के अवसर पर ये पंक्तियां उतने दिनों के बाद अखबारों व नेताओं के भाषणों में भी बार-बार उधृत की जा रही थी-

''जागो जगना क्षुधार्त, जागो दुर्बल अशक्त
ईन्साफो, तख्त पर कराल काल जागो।'' -युगवंदना पृ. 60

गांधी वंदना'' की कविताओं का महत्वपूर्ण संकलन प्रकाशित करने वाले झीणाकाई देसाई ''स्नेहरश्मि'' शुषुप्त जनता को जागृति के लिए आह्वान देते हुए स्वापर्ण-ज्वाला को आत्मसात करने को कहते हैं–

''जाग रे जाग सुनारा। जो प्रसेरे स्वार्पण ज्वाला।'' अर्ध्य, पृ. 33

सांस्कृतिक एकता एवं विश्वमंगल की कामना :

भारत की हिन्दू और मुस्लिम कौमों में एकता की भावना भी गुजराती कविताओं में व्यक्त हुई है। सांस्कृतिक समन्वय में श्रद्धा रखने वाले कवि न्हानालाल युद्धिष्ठिर और अकबर दोनों के प्रति आदर व्यक्त करते हुए गा उठते हैं-

''छेल्लो कटोरे झेरनो आ पाजजो बापू!
सागर पीतारा! अंजली नव ढोलजो बाजू!–युगवंदना पृ. 40

अंग्रेजों के मन में सद्‌बुद्धि जागृत कर भारत को मुक्ति दे देने को तैयार करने के आशय से गांधी जी ने अनेक बार विभिन्न स्थानों पर छोटे-बड़े उपवास किये थे। अंग्रेजों की रीति-नीति के प्रति अपना तीव्र विरोध व्यक्त कर जनता में नैतिकता बढ़ाने के लिए महात्मा जी ने 1943 में बीस दिवसीय उपवास किया था। इन उपवासों के कारण सारा भारत उनके जीवन के प्रति आशंका और चिंता के कारण आकुल-व्याकुल हो उठा था। माहौल कुछ ऐसा बन गया था कि ज्यों-ज्यों उपवास का एक-एक दिन बढ़ता जाता था त्यों-त्यों देशवासियों की ही नहीं दुनिया भर की आंखों की टकटकी गांधी जी के प्रति लग गई थी। किन्तु उपवास निर्विघ्न सम्पन्न हो जाने के बाद प्रभात के आनंदोल्लमस का वर्णन उमाशंकर ने किया है। उससे महात्मा जी की सत्यनिष्ठा, दृढ़ संकल्प-शक्ति एवं कल्याण भावना का

प्रभावी उद्घाटन होता है। कवि कहता है कि आपके कठोर उपवास के परिणामस्वरूप सारी दुनिया का रोम-रोम प्रज्वलित हो उठा था। अच्छा ही हुआ कि आपके उपवास खुल गये। यह हमारे लिए धन्य-घड़ी एवं सुवर्ण दिन है। भगवान की और हमारी भी आबरू-लज्जा बच गई। यथा :–

> ''धन दिव! धन घड़ी! आज सेनावी सूरज उग्यो
> प्रभुजी रही गई लाज उमारी-ने वली आपनी
> दुनिया चारे कोर रूवें रूवे प्रजली उठी।''

-रूमा दिननं प्रभात, 2-3-1943

''मोड़िचां'' काव्य संग्रह के कवि श्री धराणी अपनी शहादत के द्वारा भारत को जीवंत और अमर बनाने वाले बापू के प्रति कृतांजलि व्यक्त करते हुए सही बताते हैं–

> ''अहीं मर्या छे बाबू के जेनाथी जीवे भारतवर्ष।''– पृ. 18

गांधी जी भारत के स्वतंत्रता सेनानी ही नहीं थे, उनके जनहितकारी कार्यों को देखते हुए उनको महात्मा ही नहीं ''अगस्त्य ऋषि और शंकर भगवान भी कहा गया है। जैसे अगस्त्य ऋषि ने समुद्र का पान कर लिया था तथा शंकर ने समुद्र मंथन से निकले हलाहल का पान करके सभी देवताओं को अभय कर दिया था वैसे गांधी जी भी अनेक विषों का पान कर शंकर बन गये–

> ''मनुष्यनां पापथी झोलाने भरी, अभी बधां अंतरनां उगेचतो
> समुद्रना झेरनी घूंटडी करी, अमी छकी शंकर विश्व ठेलते।''

-मोडिचां-पृ. 56

देश प्रशस्ति काव्य :

''माता पृथिवीः। पृथिव्याः पुत्रोध्हम्-अथर्ववेद के पृथ्वीसूक्त में भूमिभक्तिभाव की स्मृति दिलानेवाली अनेक कविताओं में गुजरात, भारत भूमि और समस्त पृथ्वी के प्रति प्रेम व आदर व्यक्त किया गया है। कवि खबरदार ने गुजरात को ''गुणवंती'' बताकर ''प्यारीमाता'' के रूप में उसकी स्तुति की है–

(1) ''गुणवंती गुजरात अमारी गुणवंती गुजरात।
नमीअे मात अमारी गुणवंती गुजराता।''

कवि इसी कविता में कहते हैं कि यहां हिन्दू मुसलमान, पारसी सभी एक मातृभूमि की संतान के रूप में मिलजुल कर रहते हैं। कवि ने गुजरात के सर, सरिता, निर्झर और रत्नाकर के प्रति भी अपना आदर-स्नेह व्यक्त किया है।

(2) कवि खबरदार ने भारत को 'पुराण पवित्र माता कहा है। उन्होंने राम, युधिष्ठिर, अर्जुन, भीम आदि भगवत प्रिय और पराक्रमी पुरुषों के प्रति अपनी श्रद्धा व्यक्त की है–

''अमे भरत भूमिना पुत्रो, अम मात पुराण पवित्र।
रे! जेनां सुंदर सुनो, झलकावे उच्च चरित्र।''

कवि उत्साह में आकर यह बताते हैं कि हम इस देश की धरती की कीर्त्ति को जय-जय निनाद के द्वारा तथा अपने प्राणों के बलिदान के द्वारा सारे विश्व में फैला देंगे। गांधीजी के नेतृत्व की यह विशेषता थी कि गुजरात में हिन्दू मुस्लिम एकता की भावना का व्यापक संचार हो रहा था। इसके निदर्शन में मुस्लिम और हिन्दू दोनों कवियों की कविताएं उद्धृत की जा सकती हैं। मुस्लिम कवि ''शयदा'' ने हिन्दू-मुस्लिम एकता की अनिवार्यता का प्रतिपादन करने के साथ-साथ उन दोनों कौमों में विद्यमान भावात्मक एकता के प्रति सहज संकेत किया है। 'शयदा' कहते हैं कि मकबरा और कब्र में सोये हुए मुसलमान यह कहेंगे कि हिन्दुस्तां हमारा देश है–

1. ''मकबरा जईबे जुओ जेमां सुना सुलतान छे
कब्रथी कहेशे अमारो देश हिन्दुस्तान हो''

कवि चंद्रशेखर की कविता में भी हिन्दपना (इंडियन हूड) का विशाल-भाव दृष्टिगत होता है–

2. ''हिन्दू मुसलमां नाम जुदां हिन्दसां सौ बाल छे।
नथी कोई जुदा कोई थी सौ कोई एक वृक्ष डाल छे।''

× × × ×

3. ''हिन्दू हो, हो मुस्लिम तुं वतन वंदन प्रथम करजे
जो जन्मी होय हिन्देतु भलुं एनु प्रथम करजे।''

''कान्त'' कवि ने भी भारत देश को ''देवी'' और ''देवभूमि'' के रूप में प्रशस्ति करते हुए हिन्दू-मुस्लिम, पारसी सभी को उसकी संतान बताया है। यथा;

(1) ओ हिन्दू देवभूमि संतान सौ तमारां करौए मकीने वंदन स्वीकार जो अमारी

हिन्दू अने मुसलमान विश्वासी पारसी जीन देवी समान रीते संतान सौ तमारां।

गुजराती में गुजरात एवं भारत प्रशस्तिपरक कविताओं के सर्जक एवं गायक के रूप में पारसी कवि खबरदार भी आदर के साथ याद किए जाते हैं। इतना ही नहीं, बल्कि इनकी कई कविताएं कवि कान्त की उपर्युक्त कविता की भांति आज भी गुजरात राज्य की प्राथमिक एवं माध्यमिक विद्यालयों के गुजराती पाठ्यक्रम में निर्धारित की जाती हैं। इनकी ऐसी एक कविता है ''माजीनुं स्तोत्र'' (मा जी का स्तोत्र) प्रस्तुत ''स्तोत्र काव्य'' में कवि ने भारत माता की एक विराट देवी के रूप में भावमूर्ति अंकित की है। कवि बताते हैंः ''स्वर्गंगा उसके माथे की मांग है, मानसर उसकी मस्तक मणि है, हिमगिरि-श्रृंखला भाल-त्रिषली है, जाह्नवी और सिंधु नदियां कर्णफल हैं, देवा (नर्मदा) मही कटिस्थान पर है, कावेरी पग के नूपुर (लोड़ा) के रूप में है, रामेश्वर पग की एड़ी (पाणी) है, द्वारका और काशी नथनी है, एक हाथ में सप्तशूलीय पंजाब है तो दूसरे में परशुरूपी अरवल्ली पहाड़ है तथा कटि पर सह्याद्रि पहाड़ तेंग (तलवार) के रूप में झूम रहा है।

अपनी "हे ब्रिटेन" नामक कविता (1931) में कवि पूजालाल छके हुए और मदमत्त ब्रिटेन को आगाह कर देता है कि भारत की यह धरा तेरे अधीन अब नहीं रहेगी–

"धकेल मदमत्त हे ब्रिटेन! कान देजे जरा,
...अधीन तुजने रहे नहि जे भारतनी आ घर।

पृथ्वी प्रशस्ति :

कवि सुन्दरम ने समग्र पृथ्वी को अपनी मैया बताते हुए उसके पावन चरणों से निसृत होने वाले संगीत के प्रति अपने को मोड़ देने को तथा दिगंत-विद्युत के द्वारा यात्रियों के चरणों को सक्रिय कर देने की प्रार्थना की है–

"अहो पृथ्वी मैया तम चरण संगीत झमतुं
महा जे स्रष्टाना अगम गिरिथी ते गम तमे
अमारां वालीधो तृषित मुख नेत्रों, भरी दियो
दिगन्ति विद्युत्ने अम बदुक यात्रालु चरणे।"

कवि न्हानालाला तथा कवि उमाशंकर ने भी केवल वसुंधरा भाव की ही नहीं ब्रह्माण्डव्यापक उदात्त-भावनाओं की अभिव्यक्ति की है।

चूंकि गुजरात प्राचीन काल से ही धर्म व आध्यात्मिकता का विशेष केन्द्र रहा है, उसी कारण 1920 से लेकर 1947 तक की गुजराती कविता में स्वतंत्रता प्राप्ति की उदग्र कामना के साथ नैतिकता, आध्यात्मिकता, जीवन के प्रति वेदांतिक अभिगम, सहिष्णुता, दिव्यता का संदर्शन करने वाली स्रोतस्विनियां भी बहती रही हैं। संतों की-सी उदार एवं उदात्त प्रकृति वाले कवियों की कविताओं में सूफीदर्शन, योग, अन्तेयवाद आदि को अभिव्यक्त करने वाली प्रवृत्तियाँ भी बराबर चलती रही है। ऐसे कवियों में "मस्तकवि" के नाम से ख्याति प्राप्त कवि त्रिभुवन प्रेमशंकर (1864-1923) श्रीमान् नथ्थुराम शर्मा (1858-1930), रूपशंकर उदयशंकर ओझा (1866-1932) सूफी संत कवि जगन्नाथ दामोदर त्रिपाठी-"सागर" (1863-1936) तथा उनकी शिष्या माताजी ओंकारेश्वरी (1936 में दिवंगता), श्रेयसाधक अधिकारी

वर्ग के भगवान उपेन्द्राचार्य (1883 - 1936द्ध) तथा उनके जयंतदेव तथा प्रमिला बहन आदि श्रेयसाधक वर्ग, श्री अरविंद की विचार धारा को अपनी अनेक कविताओं में बहाने वाले प्रजाराम रावल, उपेन्द्रराय व्होरा, गिरधरलाल आदि विशेष उल्लेखनीय हैं। इन सभी कवियों ने अपने ईद-गिर्द की नदियों, पहाड़ियों, ऋतुओं और उनकी बहारों तथा पशु-पक्षियों के विविध सौंदर्य का भी विभिन्न रूपों में वर्णन कर राष्ट्रप्रेम व प्रकृतिप्रेम व्यक्त किया है। इसके साथ-साथ भाई-बहन के पारस्परिक पावन प्रेम का निरूपण करने वाली भावना तथा सूरदास और रवीन्द्रनाथ प्रणीत शिशुकाव्यों की स्मृति दिलाने वाले शिशुकाव्य भी लिखे गये हैं। इस काल खण्ड के दौरान रचित गुजराती कविताओं की भाषा में ओज एवं प्रसाद गुण का आधिक्य रहा है। व्यंजना की अपेक्षा ओज और प्रसाद गुण का अभिधा एवं लाक्षणिकता का बाहुल्य विशेष दृष्टिगत होता है। सामासिक एवं स्वच्छन्द शैली की अपेक्षा व्यास प्रधान एवं आलंकारिक शैली का वैविध्य पाया जाता है।

गुजरात की आदिवासी जातियों के लोकगीतों का निर्माण भी वैविध्यपूर्ण होता रहा है। अंग्रेजों के प्रति कटु व्यंग्योक्तियों के अनेक उदाहरण उपलब्ध होते हैं। प्राचीन परंपरित काव्य रूपों में दोनों प्रबंध और मुक्तक के विविध प्रकार, भेद-प्रभेद पाये जाते हैं। प्रबंध, खण्डकाव्य तथा कथा काव्य के साथ-साथ लावनी, पद, भजन, कीर्तिन, आरती, शोकगीत-अंजलि, प्रशस्ति, दोष, छंद, पवाडा आदि के अनेक उदाहरण पाये जाते हैं। विदेशी काव्य प्रकारों में से गुजराती में गज़ल, रेख्ता, बेत तथा सोनेट निर्माण की प्रवृत्ति विशेष दृष्टिगत होती है।

निष्कर्ष रूप में कहा जा सकता है कि सन् 1920 से 1947 तक की गुजराती कविता स्वतंत्रता प्राप्ति के लिए समग्र देश में पूर्ण जागृति का सूचक एवं उसके विविध रूप, भाषा-शैली की दृष्टि से अत्यंत उर्वर प्रेरणात्मक, प्रोत्साहक एवं मानवीयतापूर्ण रहा है।

7

तमिल कविता

आधुनिक भारतीय भाषाओं में तमिल सबसे प्राचीन भाषा है। इसके आविर्भाव के संबंध में अब तक निश्चित निर्णय नहीं हो पाया है। कुछ विद्वान इसे संस्कृत से भी प्राचीन भाषा मानते हैं। यह भाषा इतनी पुरानी होने पर भी इसकी बोली और लिपि आज भी विकार-रहित है। इसकी प्राचीनता इस कथन से साबित होती है कि दो हजार वर्ष पहले एक कवि ने अपने दो हजार वर्ष पुराने तमिल साहित्य के बारे में वर्णन किया था। तिरूवल्लुवर का जगत विख्यात नीतिग्रंथ तिरूककुरल करीब दो हजार वर्ष पहले रचित है। तमिल साहित्य में वीर रस प्रधान देश-भक्ति से ओत-प्रोत कई काव्य हैं। पिता व पति दोनों को खोने के बाद अपने पुत्र को भी युद्ध-भूमि में भेज कर अपनी वीरता का परिचय तमिल-वीरांगनाओं ने दिया है। इस प्रकार प्राचीन तमिल साहित्य अमूल्य रचनाओं का विशाल भंडार है। बारह आलवार संतों के वैष्णव साहित्य और 63 नायनमारों के शैव साहित्य भी उपलब्ध हैं। इस प्रकार मध्यकालीन तमिल साहित्य भी समृद्ध है। तमिल साहित्य की समृद्धि में ईसाई मुसलमान, और जैन लोगों का भी हाथ रहा है। भारत में अंग्रेजों के आगमन के बाद तमिल साहित्य का पर्याप्त विकास हुआ है। ''भारती'' आधुनिक युग के तमिल साहित्य के प्रसिद्ध कवि थे। उनका जन्म तमिलनाडु के तिरूनेलवेली जिले के एट्टयपुरम नामक ग्राम में सन् 1882 दिसम्बर को हुआ था। ''भारती'' के पिता चिन्नस्वामी अय्यर चाहते थे कि सुब्रह्मण्यम खूब पढ़कर बड़े अधिकारी बने या इंजीनियर बने। भारती बचपन से ही रचना की ओर उन्मुख हो

गये थे। अपने दादा जी से तमिल में कविता करने की कला सीखने लगे। यह पिताजी को अच्छा न लगा। उन्होंने भारती को तिरूनेलवेली नगर के एक हाई स्कूल में भर्ती कर दिया। 15 वर्ष की अवस्था में चेल्लम्मा के साथ उनकी शादी हुई। तमिल के प्रति भारती की लगन देखकर सभी हैरान हुए। पिताजी की मृत्यु के बाद भारती काशी जाकर अपनी मौसी के यहां रहने लगे। काशी में वे संस्कृत और हिन्दी सीखने लगे।

भारती जी की कविताओं को हम चार भागों में बांट सकते हैं।

प्रथम भाग : राष्ट्रीय गीत

(1) भारत देश

(2) तमिलनाडु

(3) स्वतंत्रता

(4) राष्ट्रीय भावना की कविताएं

(5) राष्ट्र के नेता

(6) अन्य देश

द्वितीय भाग : भक्ति गीत

(1) स्तोत्र गीत

(2) ज्ञान गीत

तृतीय भाग : फुटकर गीत

(1) नीति

(2) समाज

(3) मुक्तक गीत

(4) सज्जन

(5) आत्म कथा

चतुर्थ भाग : गीत त्रयी

(1) कन्हैया गीत

(2) पांचाली शपथ

(3) कोयल गीत

राष्ट्रीय गीत के द्वारा ही भारती लोगों से परिचित हुए। उनके गीतों में हमारी पौराणिक कीर्ति, गुलामी का अभिशाप, एवं उज्ज्वल भविष्य आदि का वर्णन है। राजनीतिक स्वतंत्रता मात्र भारती जी की कविताओं का उद्देश्य नहीं, बल्कि वे मनुष्य मात्र की स्वतंत्रता चाहते थे। वे आत्म सम्मान, आत्म विश्वास एव स्वतंत्रता आदि को महत्व देते थे। बंकिम चन्द्र का "वन्दे मातरम" गीत ही भारती जी की देश भक्ति का प्रेरणा स्रोत था। इस वंग-भंग आन्दोलन के पश्चात् कविता ने कई लोगों के मन में देश भक्ति की भावना जगायी। भारती जी इस कविता से अत्यन्त प्रभावित हुए थे–

एकत्र होकर आगे
विजयी होवें, जान
जाने पर भी दर्द की
परवाह किये बिना कहें।
बन्दे मातरम्-जय
बन्दे मातरम्

कायरता से अंग्रेजों की पराधीनता स्वीकार करने वालों से भारती जी ने निन्दा की है। उन्होंने कहा है-रीढ़ की हड्डी विहीन लोगों से देश को क्या लाभ है?

"बल-हीन कंधोवाले जा जा जा
कुंठित मन वाले जा जा जा
क्रान्तिहीन मुखवाले जा जा जा
दृढ़ताहीन नेत्रवाले जा जा जा।।"

हमारे देश में कई जाति के लोग हैं। कई धर्म के और कई भाषा-भाषी लोग यहां रहते हैं। लेकिन यह भेदभाव बाहरी है। आन्तरिक दृष्टि से सभी एक हैं।

"तीस करोड़ों की चेहरे वाली, मगर
उसकी जान-व-जिस्म एक ही है इसकी
वाणी अठारह है मगर
विचार बस एक ही है।"

भारती जी की कविता देश, काल, जाति और भाषा आदि भेद भावना से दूर है। इस कविता में उनकी स्वतंत्रता की भावना साफ झलकती है–

"वीर स्वतंत्रता की चाह के आगे
कोई कुछ और लोभ?
चिर अमृत का अभिलाषी कोई
शराब में मन रमाएगा?"

स्त्री को पुरुष के समान अधिकार प्राप्त है। पुरुष के समान स्त्री को भी सभी क्षेत्रों में अधिकार प्राप्त करना चाहिए। यह उनका स्वप्न मात्र नहीं उनको विश्वास था कि एक दिन यह सच निकलेगा।

"सिन्धु नदी का नाद चन्द्रमा में
चेर देश की तरुणियों से
मधुर तेलुगु में गीत गा-गा कर
नावें चलाते क्रीड़ा करें।"

इस गीत में भारती जी ने सारे भारत को एक सूत्र में बांध दिया है।

भारतिदासन

भारतिदासन का जन्म 29-4-1891 में पंडिचेरी में हुआ था। उनके पिताजी का नाम कनकसमै मुदालियार था। उनका असली नाम कनकसुब्बरत्न था। आप फ्रेंच और तमिल भाषा के अच्छे विद्वान थे। आप स्थानीय सरकारी कालेज में तमिल प्राध्यापक थे। बचपन से ही वे छोटी-छोटी कवितायें लिखने लगे।

एक बार भारतिदासन एक विवाह की दावत में भाग लेने गये। वहां भारती जी भी पधारे थे। लेकिन यह भारतिदासन को मालूम नहीं था। वहां भारतिदासन जी ने भारति जी का एक लोक-गीत गाया। वहां भारती की प्रेरणा से उन्होंने उस गीत का प्रदर्शन किया। उस दिन से आप भारतिदासन के नाम से प्रसिद्ध हुए। भारतिदासन उच्च विचार और गहरा ज्ञान रखते थे। अपने कर्त्तव्य निभाने में वे सतत प्रयत्न करते थे। आप प्राकृतिक वर्णन के अद्वितीय कवि थे। देश भक्ति भावना को जन-मानस में जागृत करके, उससे सारे भारत को एकता के सूत्र में बांधने के लिए उन्होंने कई कवितायें लिखी। तमिल भाषा के प्रति भारतिदासन के मन में अत्यन्त प्रेम था। उनकी कविताओं में कोयल की कूक, मोर का नाच, भ्रमर का नाद तथा झरने का कलनाद सुनाई पड़ता है। उनकी कविताओं में आवेश है, जागृति है, विचार शक्ति है। धर्म-भेद, वर्ग-भेद आदि उन्होंने नहीं माना। हास्य-प्रधान कविताएं भी उन्होंने लिखी हैं। विधवा-विवाह का भी उन्होंने समर्थन किया कि परिवार एक विश्वविद्यालय के बराबर है। स्त्री शिक्षा की अनिवार्यता पर भी उन्होंने जोर दिया।

देसिक विनायकम पिल्लै

विनायक पिल्लै की कविता तमिल साहित्य की अमूल्य सम्पदा है। कविता की परिभाषा देते हुए वे कहते हैं-

''कविता वह मन में स्थित है।-सुख
का रूप जो लेती वह कविता है
सरल सुबोध तमिल में-सत्य की
सही पहचान है कविता''

''एशिया की ज्योति'' उनकी प्रसिद्ध रचना है। सच्चे सम्राट की व्याख्या देते हुए कवि कहते हैं–

''अगर तुम्हें सारे संसार का सम्राट बनना हो तो,
अपने को बुलाकर जीना चाहिए।

गरीब होकर दीन दुखी-सा जीना चाहिए।
सबका साथी बनकर, दास-सा सेवक बनकर।''

बाल साहित्य के विकास के लिए उन्होंने अपना जीवन अर्पण किया था।

''बाग-बगीचे में चरती है श्वेत गाय उसके
निकट उछल-कूद करता बछड़ा
''मां, मां'' कहती है वह गोरी गऊ,
उसके समीप दौड़ती छोटी बच्ची।''

एक जमाना था जब भारत वर्ष में नारी को इतना सम्मान नहीं दिया जाता था। वह शिक्षा-दीक्षा से वंचित रह गई थी, कवि ने इसका विरोध किया है।

नामक्कल के. रामलिंगम पिल्लै

वे मद्रास महाराज्य के सरकारी कवि थे। उनको अपनी भाषा तमिल और अपने देश पर गर्व था–

सिर उन्नत करके खड़े रहो
कि तुम तमिल-भाषी हो,
अपने अतुलनीय इतिहास को
सारे संसार में ले चलो।

वे गांधी युग के प्रसिद्ध कवि थे।

स्वामी शुद्धानन्द भारती :-

स्वामी जी पंडिचेरी के अरविंद आश्रम में कुछ साल रहने के बाद चेन्नई में साहित्य की सेवा करने लगे। ''भारत शक्ति का महाकाव्य'' उनकी प्रसिद्ध रचना है। ''सिद्धार्थ और यशोधरा'' नामक काव्य में उन्होंने जीवन की असारता का वर्णन किया है।

डॉ. श्रीनिवास राघवन

''नाणल'' नाम से वे कविता रचना करते थे। उनकी कविताओं में दार्शनिक चिन्तन होते हैं। उपयुक्त कवियों के अलावा और भी कई लोग सेवा-भाव एवं अथक परिश्रम से तमिल साहित्य-जगत का विकास करने लगे। इनकी कविताएं देश को उन्नत करने की दिशा में प्रसिद्ध थी, राष्ट्र के प्रति भक्ति-भावना से ओत-प्रोत उनकी कविताओं से जनता के मन में देश के प्रति श्रद्धा पैदा हुई। इनकी कविताओं में सुप्त मन को जागृत करने की शक्ति थी। निराश व्यक्ति को आशावान करने की ताकत थी। स्वार्थी, पाखंडी आदि भी इन कविताओं से मानसिक परिवर्तन पाकर देश के प्रति श्रद्धा दिखाने लगे। इससे समाज में बड़ा परिवर्तन होने लगा। ''साहित्य समाज का दर्पण है'' इस सूक्ति को इन कवियों ने चरितार्थ किया। इन कविताओं में की. व. जगन्नाथन, मी. पा. सोमसुन्दरम, म. प. पेरियसमि तरन, कवि कण्णदासन, कवि वाणिदासन, ''सुरदा'' आदि मुख्य है।

कण्णदासन का नाम तमिलनाडु का बच्चा-बच्चा जानता है। बच्चे से बूढ़े तक सब कण्णदासन की कविताएं गुनगुनाते रहते हैं। वे ''सिनेमा'' के माध्यम से परिचित होकर, तमिलनाडु की जनता के प्रिय कवि बन गये। पुराने तमिल साहित्य के दार्शनिक चिन्तन और अन्य भाषाओं के तत्वों को सरल और सुबोध तमिल में, आपने प्रस्तुत किया है जो सामान्य जनता की समझ में आते हैं। ''अनामी त्यागी'' शीर्षक कविता में कवि ने देश के लिए अपने प्राण न्यौछावर करने वाले वीरों व त्यागियों का स्मरण किया है।

''जन्मस्थान न जानते, नाम न जानते
उनकी कहानियां नहीं जानते,
कीर्ति मात्र जानते, कौशल जानते
त्याग का महत्व ही जानते।
देश के लिए किया बलिदान
हजारों लोगों ने

विधिवत-इतिहास जानना
हमको मौका भी नहीं मिलता।

हमारे देश की सीमा का वर्णन करते हुए ''स्वतंत्रता दिवस'' शीषर्क कविता में कवि सम्राट कण्णदासन कहते हैं।

भारत की सीमा भगवान की सीमा
भगवान की सारी भूमि भारत भूमि
हिमाद्रि से कुमारी तक ही सीमा नहीं
सुख-समृद्धि सारी हमारी सीमा है।

× × × ×

मुफ्त में नहीं मिली, स्वतंत्रता इधर
फांसी पर चढ़े कितने प्राण, ऐसा इतिहास है और कहां?
मां! उनकी वह साहसपूर्ण कहानियाँ कहां?
उनका स्मरण ही यह पुण्य तिथि इधर।

× × × ×

उपर्युक्त कवियों के अलावा और भी कई कवियों के योगदान से तमिल का राष्ट्र-भक्ति साहित्य समृद्ध है। देश के स्वतंत्रता संग्राम में तमिल कवियों का भावात्मक योगदान रहा है। पुराने काल से वीर रस प्रदान कविताओं से तमिल साहित्य भरा हुआ है। पुरुष के समान स्त्रियों ने भी युद्ध में अपनी रणकुशलता का प्रदर्शन किया है जिसका ज्वलंत वर्णन कवियों ने किया है। जिस प्रकार भक्तिकाल में भगवान कृष्ण कवियों के आराध्य देव थे। गांधीजी की वाणी भी भगवान कृष्ण की गीता की तरह महत्वपूर्ण रही। कई लोगों ने अपने प्राण न्योछावर किये। तमिल के प्रसिद्ध नाटककार सुन्दर दास स्वामिगल के नाटक से भी लोग प्रभावित हुए थे। गोपालाचारीकृत 'आर्यसभा' नाटक में कांग्रेस के आंदोलन के विवरण हैं। इसमें कई भारतीय भाषाओं का प्रयोग हुआ है। लोक गीतों में भी राष्ट्रीयतावादी स्वर मुखरित हुआ है।

8

तेलुगु कविता

सन् 1907 में सुप्रसिद्ध स्वतंत्रता सेनानी श्री विपिनचन्द्र पाल ने राजमहेन्द्रवरम में 19 अप्रैल से 24 अप्रैल तक भाषण दिया था। उन भाषणों का तत्काल अनुवाद, तेलुगु के सुप्रसिद्ध आशुकवि श्री चिलकमूर्ति लक्ष्मी नरसिंहम पंतुलु जी ने किया था और भाषण की समाप्ति पर उस आशुकवि ने एक तेलुगु कविता का पाठ भी किया था–

भारत खण्डमु चक्कनि पाडियानु
हिन्दुवुलु लैगदूडल यैडचुचुंड
तैलवारनु गड्डुसरि गोल्लवारू
पितुकुमुतुन्नारु मूतुल बिगियं गट्टिव।

अर्थात भारत एक सुन्दर दुधारु गाय के सदृश है जहां के निवासी निरीह बछड़ों के समान रो रहे हैं। रोते हुए बछड़ों के मुंह बांध कर ये गौरांग ग्वाले दूध दुह कर ले जा रहे हैं।

श्री चिलकमूर्ति जी की यह कविता उस समय अत्यन्त लोकप्रिय हो गई थी। इसमें उस आशुकवि का व्यक्तिगत अहम् व्यक्त नहीं हुआ था, बल्कि जातीय अहम् था, जो परतंत्रता से चोट खा रहा था, उसकी बौद्धिक, मानसिक और सामाजिक स्थितियां जिस जकड़बन्दी में यन्त्रणामयी हो गई थी, उस जातीय अवरुद्धता की वह आक्रोशपूर्ण अभिव्यक्ति थी। वह अभिव्यक्ति जातीय संकीर्णता मात्र की द्योतक नहीं थी, वरन् सम्पूर्ण भारतीयता की सप्राणता की प्रतीक थी। ज्ञानपीठ द्वारा

पुरस्कृत श्री सी. नारायण रेड्डी जी इस कविता को राष्ट्रीय चेतना की सर्वप्रथम तेलुगु रचना मानते हैं।

ईस्ट इण्डिया कम्पनी के संरक्षण में व्यापार के नाम पर जब अंग्रेजों ने सम्पूर्ण भारत पर अधिकार कर लिया, तब उनकी कूटनीति से परिचित कुछ क्षेत्रों में उसका विरोध हुआ। वीरों ने संघर्ष किया और बलिदान किया। स्वाभिमान की भावना उद्दीप्त हो उठो। ''माता भूमिः पुत्रोध्हं पृथिव्याः'' और ''जननी जन्मभूमिश्च स्वर्गादपि गरियसी'' के आदि सूत्रों ने देशप्रेम की भावना को ही जागृत नहीं किया, वरन् दीर्घकालीन संघर्ष के लिए प्रेरित भी किया। आन्ध्र में भी अनेक नर-नारियों ने अपने प्राणों का बलिदान किया था। उसकी वीरता और पौरुष की अमर गाथायें तेलुगु लोकगीतों में मुखरित हो उठी। स्वतंत्रता संग्राम के उन अमर वीरों की गाथायें वीर रस पूर्ण लोकगीतों -''काटम राजु कथा'', ''पलनाटिवीर चरित्र'', ''बोब्बिलि कथा'', ''अल्लूरी सीताराम राजु कथा'', ''चिन्नपरेड्डी पदमु'', ''सवीपि पापारयुन्‍ि कथा'' में व्यक्त है।

सन् 1885 में नेशनल कांग्रेस की स्थापना हुई और महात्मा गांधी के भारत के राजनीतिक क्षेत्र में पदार्पण के बाद ही जातीय चेतना के स्वतंत्रता संग्राम में, एक नये युग का आविर्भाव हुआ। वस्तुतः स्वतंत्रता संग्राम सन् 1857 के विद्रोह से प्रारंभ होता है, किन्तु अंग्रेजों की कूटनीतिपूर्ण शासन प्रणाली, उद्योगीकरण और आधुनिकता से देशी हस्तकला और कारिगरी का उन्मूलन तथा अशिक्षित ग्रामीणों एवं शिक्षित मध्यमवर्गीय जनता पर अत्याचार से असन्तोष की एक लहर फैल गई। अंग्रेजों के विरुद्ध तीव्र संघर्ष का शंखनाद बज उठा। भारतीय कवियों का स्वर उग्र हो उठा। नवयुग के प्रारम्भ से ही जातीय चेतना का आविर्भाव हुआ। देश के प्रत्येक क्षेत्र में स्वतंत्रता संग्राम तीव्र हो उठा। तेलुगु के कवियों ने भी उसी स्वतंत्रता संग्राम में अपना स्वर मिलाकर राष्ट्रीय चेतना का उद्घोष किया। तब मद्रास प्रेसीडेन्सी के अन्तर्गत आन्ध्र का क्षेत्र सम्मिलित था। प्रमुख एवं प्रबुद्ध आन्ध्रों ने मद्रास में ही इस संग्राम का श्रीगणेश किया। तत्कालीन प्रमुख आन्ध्री सर सी. पी. माधव राव, श्री आर. रघुनाथ राव, श्री तल्लाप्रगड़ सुब्बाराव, श्रीपनप्पार्क

अनंताचार्य, श्रीगजुल लक्ष्मी नरसुचैट्टि उल्लेखनीय हैं। श्री गजुल लक्ष्मी नरसुचैट्टि और उनके सहयोगियों ने सन् 1852 में ''मद्रास नैटिव एसोसियेशन'' की स्थापना की थी। इसके पश्चात् सन् 1884 में ''मद्रास महाजन सभा'' का गठन हुआ। इसके अध्यक्ष थे श्री पी. रंगय्या नायडू और मन्त्री थे श्री पनप्पांक अनंताचार्य। आन्ध्र के काकिनाडा नगर में भी एक और साहित्यक संस्था ''काकिनाडा लिटरेरी एसोसियेशन'' की स्थापना हुई। इन साहित्यिक संस्थाओं का मूल उद्देश्य, जनता में देशभक्ति के माध्यम से राष्ट्रीय चेतना जागृत करना था। इन संस्थाओं के माध्यम से साधारण जन समाज में जातीय गौरव, सांस्कृतिक चेतना, आर्थिक और सामाजिक स्वतंत्रता की भावना का उद्बोधन करना था। अपनी भाषा, संस्कृति, परम्परा और इतिहास का बोध कराना था। ''गोदावरी मंडल सभा'' का निर्माण श्री चिलकमूर्ति लक्ष्मी नरसिंहम ने की थी। उस संस्था की कवि गोष्ठियों में तेलुगु के अनेक कवियों ने अंग्रेजों की दमन-नीति और शोषण का खुल कर चित्रण किया था जिसका प्रकाशन ''चिन्तामणि'' (1895) में निरन्तर होता रहा। तेलुगु भाव कविता (छायावाद) के प्रवर्तक श्री रायप्रोलु सुब्बाराव जी का निम्न गीत भी तब अत्यन्त लोकप्रिय हो उठा था। परतंत्रता की महानिशा में तत्कालीन कवियों ने ज्योतिमंडल का कार्य कर स्वतंत्रता संग्राम का पथ प्रदर्शन किया।

कहीं भी जा,
किसी भी देश की माटी पर कदम रख
किसी भी स्थान पर आसन जमा,
चाहे कोई भी कुछ कहे,
गाये जा अपनी भूमि भारती की गाथा,
किए जा अपने राष्ट्रीय गौरव की रक्षा
किस पूर्व पुण्य बल से
किस पूर्व योग बल से
जन्मे हो दिव्य देश भारत में

किन सुन्दर सुमनों से नाता जोड़ा,
जो जन्म प्राप्त हुआ इसी मही में
अलौकित रहा यह दिव्य विश्व
प्रदीप्त किया इस पुण्य देश ने
खेतों में उपजे रत्न यहां
उदधि में रही खेती मोतियां की
दिव्य औषधियों से फूली पृथ्वी
काननों में रही कस्तुरी की फसल। अपमान कैसा?
संकोच किस बात का?
गाये जा भक्ति भाव से
''मै हूँ भारतीय''

चिलकमूर्ति के अनन्य प्रोत्साहन एवं प्रेरणा से अन्य कवियों ने भी प्रबंधात्मक काव्यों की रचना की। सन् 1897 में ''चिन्तामणि'' पत्रिका में श्री रामशास्त्री की कविताओं का भी प्रकाशन हुआ था। उनमें देशभक्ति की भावना वर्णित हुई थी। इनके अतिरिक्त तत्कालीन प्रसिद्ध कवियों में श्री ईश्वर जगन्नाथ मार्तण्ड शास्त्री, मंतनि आदिनारायण मूर्ति आदि उल्लेखनीय कवि हैं।

'कृष्णा' पत्रिका (1902) के प्रथम अंक ने स्वतंत्रता संग्राम के उदबोधन के लिए स्पृहणीय योगदान दिया है। इसके सम्पादक श्री मुटनूरि कृष्णाराव थे।

आन्ध्र भारती (अक्तूबर, 1909) के अंक में तेलुगु का सुप्रसिद्ध ''जागरण गीत'' प्रकाशित हुआ। यह उल्लेखनीय प्रबोधात्मक गीत है।

बीसवीं शती के प्रथम दशक में प्राचीन क्लासिकल काव्य पद्धति का प्राबल्य रहा; किंतु नवीन कविता पल्लवित हो उठी थी। सर्व प्रथम नयी कविता का श्रीगणेश श्री गुरजाड़ा अप्पाराव की कृति ''मृत्याल सरमुलु'' से हुआ। बीसवीं शती के प्रारम्भ से लेकर स्वतंत्रता संग्राम कालीन तेलुगु कविता को चार भागों में विभक्त किया जा सकता हैः-

1. मातृभूमि-महिमा और उदबोधन काव्य
2. गांधी का प्रशस्ति गान
3. भारत के गौरवशाली चरित्रों पर आधारित काव्य
4. अस्पृश्यता निवारण सम्बन्धी काव्य

श्री गुरजाड़ा अप्पाराव ने कोत्तपातल मेलु कलयिक, कोम्मेसंगुलु जिम्म (नवीन और प्राचीन के सुन्दर समन्वय से नव आलोक को प्रकीर्ण करती) कविता रचने की प्रतिज्ञा की। नूतन वस्तु, छन्द, और भाषा के प्रयोग, से मानवतावादी व देशभक्ति आदि भावों की कवितायें लिखीं। उसी स्वतंत्रता संग्राम काल में आपने लिखा कि देश मण्टे मट्टि कोदोयि, देशमण्टे मानुषुलु। (देश का अभिप्राय मिट्टी नहीं हैं, देश का अर्थ जनता है।)

श्री रायप्रोलु सुब्बाराव ने प्राचीन गौरव का गान करते हुए, स्वतंत्रता के महत्व का वर्णन किया-

वेदशाखुल वेलसे निच्चट
आदिकाव्यं वलरे निच्चट
-वेदों की शाखाएं फैल पड़ी हैं यहां पर
आदिकाव्य रचा गया यहाँ पर।

श्री चेन्नप्रगड़ भानुमूर्ति कृत "भारत दर्शनमु" का प्रकाशन 1907 में हुआ। इस काव्य में चार कविताएं हैं - भारत माता, हिन्दू देश दैन्य विचारमु, भविष्यत भारतवर्ष दर्शनमु और भारतीय धर्माधर्म नक्षत्र माला। कवि ने इसमें देश सेवा और देशभक्ति का निरूपण किया है। इस काव्य की तुलना हिन्दी के "भारत भारती" (राष्ट्र कवि श्री मैथिलीशरण गुप्त कृत) से की जा सकती है। उनकी एक कविता दृष्टव्य है -

देश जननि योसगेडि दिव्यमेन
मुतक बट्टलु धरियिंचि हृदयमुनु

विमल देशाभिमानंबु विस्तरिल्ले
मेरुगु लेकुन्न बोवुने गरिम मनकु

–अर्थात चमकीले कपड़े पहनने की अपेक्षा देश माता के द्वारा प्रदत्त दिव्य मोटे खद्दर के कपड़े पहनने से व हृदय में विमल देशाभिमान के बढ़ने से क्या हमारी जातीय गरिमा कम हो जायेगी?

श्री मंगिपुड़ि वेंकट शर्मा के काव्य 'भारतमाता' (1911) का प्रतिपाद्य यह है कि जन्म भूमि ही, स्वदेश ही आज का देवता है। देशभक्ति ही देवभक्ति है और देश सेवा ही उपासक की साधना है। ''मानवसेवा'' नामक कविता का भाव दृष्टव्य है–

मानुवुलु, सेवये देशमातृसेवा
देशसेवये सकल लोकेश सेवा
कावुननु देश भक्तुलु देवभक्तलु
अखिल मानव सेवा सेयंगवलयु।

–अर्थात मानवों (देशवासियों) की सेवा ही देशमाता की सेवा है। देश सेवा ही सकल लोकेश की सेवा है। अतः देशभक्त ही देवभक्त ही देशभक्त है।

एक अन्य कविता में देशप्रेम की भावना उदभूत हुई है–

निर्मलवैनट्रि ई भूमि यंदे
ना स्थानंनु चेन्नरेड्डु काक
पावन नतुलचे भाग्यदेवगुचु
पालुपोसो नी पुण्यभूमि ने मोय
आस्थिकल विश्रांति नंदेनु गाक

–अर्थात् इस निर्मल भूमि में मेरे लिये श्मशान भी शोभायमान हो। इस सुन्दर पुण्यभूमि में मेरी अस्थियों को विश्राम मिले।

स्वतंत्रता संग्राम और गांधी जी के सिद्धांतों पर श्री बालिजेपल्लि लक्ष्मीकांत ने ''स्वराज रथमु'' और 'स्वराज समस्या' नामक काव्य संकलनों को प्रकाशित

करवाया। इन दोनों काव्यों में स्वतन्त्रता संग्राम उसके ऐतिहासिक तथ्य, उसके प्रचार-प्रसार, उसकी प्रमुख घटनायें, तिलक की सेवायें, गांधी का नेतृत्व आदि प्रमुख विषयों का वर्णन हुआ है।

श्री काशी नाभुनिं वीर मल्लय्य ने ''स्वराज्य प्रबोध'' में ''तिलक निर्माण'' ''भारत माता का दुखोपशमन'' गांधी अवतार'' आदि शीर्षकों से काव्य सृजन किया है। भारत माता के दुखशमन के लिए वे लिखते हैं–

धन्युडु गांधि निनु संबालिपगान्नानु कासतैननु भयमेमि नीकु गलदम्मा

अर्थात् महात्मा गांधी ने अब तुम्हें सम्भाल लिया है, अतः तुम्हें कोई भय नहीं है।

श्री उमर अलीशाह का रचना काल 1908 से 1941 है। तेलुगु में रचित उनकी कविताओं का संकलन ''उमर अलीशाह के खण्डकाव्य'' के नाम से प्रकाशित हुआ है। साम्प्रदायिक एकता, स्वदेशी व्रत, खद्दर आदि को देश के उद्धार के लिये वे आवश्यक मानते हैं।

''रान्टम सांख्यमु विराटपुरुषाकृति चूचिननु जगन्नाटक सूत्रधारि
थिदि नाडुनु कल्पवृक्षक काटामुमने पिशाचमुनु कालुचु फिरंगि
पलिकिन चैदलु मूट, मा प्रजलू चेरुिन पुण्यमु गण्यन्निटन

सांख्य रूप वाले विराट पुरुष की आकृति ही चरखा है। देखने पर वह जगत तारक की सूत्रधारिणी है वह अतीत और वर्तमान में भी अकाल नामक पिशाच का वध करने वाला सांप है। फिरंगियों के विनाश का मूल है। हमारी प्रजा के लिये किया गया वह महत्वपूर्ण पुण्य है।

श्री दुव्वरी रामरेड्डी की 'जातीयता' नामक कविता का यह अंश स्वतन्त्रता संग्राम के सेनानियों का उत्साह वर्धन करता है।

ओसी जातीयता नी बलोज्वलत्व
मेंत! नी शक्ति सामर्थ्यमेंत! नीदू

शंखरावमुमूला यिन्द्रजालमेंरा
अस्थिपंजरालु सैतमाड़ेरा।

अर्थात् अरी जातीयता। तुम्हारे बल की उज्ज्वलता, तुम्हारी शक्ति की सामर्थ्य, तुम्हारे नाद के इन्द्रजाल का क्या वर्णन करें? तुम्हारी इस शक्ति-सामर्थ्य के कारण अस्थि पंजर भी उठ खड़े हो जाते हैं। अर्थात राष्ट्रीयता की पुकार सुनकर दुर्बल से दुर्बल भी सचेत हो जाता है।

श्री तुम्मलं सीताराममूर्ति जी स्वतंत्रता संग्राम में सारे रिश्ते-नातों के परित्याग के लिए आग्रह करते हैं—

पुत्रुडनि मित्रुडनियु कलत्रमनियु
भर्तयनि सोदरंडनि बांधवुडनि
बालुडनि वृद्धनि तलंचु वैलगादु
ताल्लिरो, अर्नुचुंडे स्वातंत्र्य रणमु!

अर्थात् हे, माता स्वतंत्रता का संग्राम चल रहा है। अतः पुत्र, मित्र, कलत्र, पति, सहोदर, आबाल वृद्ध रिश्तेदारों के बारे में सोचने के लिए समय नहीं है।

श्री गुल्लवल्लि नारायण मूर्ति की खादी सम्बन्धी एक कविता उल्लेखनीय है।

खादि यनगनेमि? कद्दरा? कादु
संकर प्रभुत्व विधानम खादिगानि
खादि यनगनेमि? कद्दरा?कादु
संकर प्रभुत्व वाणिज्य खादि गानि
खादि यनगनेमि? कद्दरा? कादु
निष्कारण परदास्य खादि गानि

खादी का अर्थ क्या है? खद्दर। नहीं। वह तो संकर (अंग्रेज) प्रभुत्व (सरकार) के विधानों को खा जाने वाली है। वह तो संकर प्रभुत्व के वाणिज्य को समाप्त करने वाली है और निष्कारण ही प्राप्त गुलामी को खा जायेगी।

श्री गरिमेल्ल सत्यनारायण का निम्न गीत भी स्वतंत्रता संग्राम के समय अत्यन्त लोकप्रिय रहा। इस गीत ने उन्हें अमर कर दिया।

मा कोद्‌दी तैल्लदोरतनम
देवा माकोद्‌दी तैल्लदोरतनम
मा प्राणालापै पोंचि मानालु हरि चे
पन्नैंडु देशालु पंडु चुन्नदि गानि
पट्टेडन्नम लोपमंडी
नोट मट्टि गोट्टि पोताडडी
अदि कुक्कलतो पोराडि
कूडा तिनमंटाडु!

हमें गोरों का यह शासन नहीं चाहिये जो हमारे प्राणों का धात लगाकर हमारे मान का अपहरण करता है। हमारे बारह प्रांत फलफूल रहे हैं लेकिन हमें मुट्ठी भर भी अन्न नहीं मिलता। हमारी आंखों में धूल झोंक कर सब लूट रहा है। उसके कुत्तों के साथ छीना-झपटी कर, खाने को कहता है।

बीसवीं शती के दूसरे दशक में जब गांधीजी ने भारतीय राजनीति में प्रवेश किया, तब उनके सामाजिक, राजनीतिक, आर्थिक एवं आध्यात्मिक चिन्तन ने भारतीय जन मानस को मोह लिया। स्वतंत्रता संग्राम की बागडोर बुद्धिजीवियों ने उनको सौंप दिया। वे पूर्व और पश्चिम की चिन्तन प्रणाली से परिचित थे। पश्चिम के राजनीतिक-सामाजिक उत्थान और पूर्व के आर्थिक-आध्यात्मिक समन्वय के वे प्रतीक बन गये थे। इसलिए गांधी पर दो प्रकार के काव्य लिखे गये। उनके जीवन पर और सिद्धांतों पर।

''अभिनव तिकन्ना'' श्री तुम्मल सीताराम मूर्ति चौधरी ने गांधी पर दो काव्य ग्रन्थों की रचना की - आत्मकथा और महात्मा कथा। ''आत्मकथा'' वस्तुतः गांधी की ''आत्मकथा'' का ही तेलुगु में काव्यानुवाद हैं; किन्तु कवि की उसमें मौलिक उद्‌भावनाएं है। जैसे–

कासुलकु दासंडनुचु मोक्किडिनि बांगडि
कल्ल कवितल कंटे
गुण गरिष्ठुल, देश भक्तुल चरित्र
चेप्पुटा जगद्धितंबे चेत गादे।

पैसों के लिए दास बनकर, नीचों की प्रशंसा कर झूठी कवितायें लिखने की अपेक्षा ऐसे महान गुणी और देश भक्तों के चरित्र को काव्यबद्ध करना जगत के लिये हितकारी कार्य है। इस काव्यानुवाद के लिए उन्हें (2. 10. 32. से 26. 1. 51) 20 वर्ष की लम्बी अवधि साधना करनी पड़ी।

''महात्मा कथा'' में गांधीजी की ''आत्मकथा'' (सन् 1927 तक की जीवनी) के उपरान्त गांधी के परवर्ती जीवन में स्वतंत्रता संग्राम और राष्ट्रीय चेतना का जो प्रभाव भारतीय जन मानस पर पड़ा उसे चित्रित किया गया। दोनों काव्य ग्रन्थ तेलुगु की श्रेष्ठ कृतियां है।

श्री मरिंगटि शेषाचार्य ने ''श्री गांधी भारतमु'' के नाम से 18 वर्ष में एक काव्य की रचना का संकल्प किया था। महात्मा गांधी को श्री कृष्ण तथा स्वतंत्रता संग्राम को महाभारत का युद्ध मानकर अवतरित गांधी के हाथों स्वराज्य संस्थापन की कल्पना की थी। किन्तु इसके दो ही पर्व पूर्ण हो सके। निर्माण पर्व (1949) और बाल्यपर्व (1951)। पुरानी शैली में रचित यह काव्य सरल एवम् सरस है।

विजयवाडा में अखिल भारतीय कांग्रेस का अधिवेशन (31-3-21) को हुआ था। गांधीजी के दर्शन के लिए अपार भीड़ उमड़ पड़ी थी। उस समय श्री मल्लादि अच्युतराम शास्त्री ने ''महात्मा गांधी स्वागतम'' नामक काव्य की रचना की थी।

श्री मुनगपाटि विश्वनाथ शास्त्री ने ''गांधी देवुडु'' (1946) नामक एक उत्कृष्ट काव्य का सृजन किया। नूल्पोगुतो नवलीलन जगमेल्ल गट्टिटतिवि का तात्पर्य है कि रूई के धागे से सारे जग को बांध लिया। ऐसी व्यंजनाओं से काव्य पूर्ण है।

स्वतंत्रता संग्राम और राष्ट्रीय चेतना पर श्री मंगिपूडि वेंकट शर्माजी का काव्य ''श्री गांधी चरितामृतमु'' लोकप्रिय रहा।

गांधी जी के प्रति अनन्य भक्ति भावना का निरुपण श्री दोमा वेंकट स्वामी गुप्त की लघु काव्यकृति ''परमज्योति'' (1945) में हुआ।

मधुर कवि श्री नालमु कृष्णाराव ने गांधी को भगवान मानकर ''गांधी महात्मा की दशावतार लीलायें'' (1942-44) की रचना की।

इस प्रकार गांधी के जीवनवृत्त को लेकर तेलुगु में अनेक काव्यों की रचना हुई। कुछ महत्वपूर्ण कृतियाँ तेलुगु काव्य की अमर निधि बन गई हैं। उनमें श्री मुन्नगि शर्मा कृत गांधी रायबारमु (द्योत्य दूत काव्यं), श्री मुलुकुट्ल पुन्नयूय शास्त्री कृत ''भारतीय बोधामृत'', श्री गुरुजाड़ा राघव शर्मा कृत ''नवकाली यात्रा'' (नोआखाली यात्रा), श्री महावादि वेंकटरत्नम कृत ''विश्वभारती'', श्री पिल्ला वेंकटरत्न कवि कृत ''अगस्त विप्लव में आनन्द राय'', श्री मोदिगोंड वीर भद्रभूर्ति का ''भारत स्वातन्त्र्य संग्राममु'', श्री कलगा सत्यनारायण कृत ''स्वराज्य झण्डा'', श्री दंतुर्ति सुब्बारायुडु कृत ''देशोपदेशमु'', श्रीमलाल जयरामयूय कृत ''महात्मा विजय यात्रा'', श्री एस. सत्यनारायण कृत स्वराज्य के साधन, श्री नंदिवाडा वेंकट रत्नम कृत ''आन्दोलन'', श्री गुर्रज जाषुआ कृत ''बापूजी'', उल्लेखनीय कृतियां हैं।

स्वतंत्रता संग्राम काल में भारतीय कवियों ने स्वर्णिम अतीत का स्मरण किया, गौरवशाली महारथियों के चरित्रों का वर्णन किया और महान आत्म बलिदानों का चित्रण कर स्वतंत्रता के निमित्त आत्म बलिदान के लिए प्रेरित किया। इन काव्यों में राष्ट्रीय भावों के लिए ऐतिहासिक चरित्रों और इतिहास प्रसिद्ध घटनाओं का उद्घाटन हुआ। सर्वश्री चेरकुवाडा वेंकटरामय्या और गादि जगन्नाथ स्वामी ने मिल कर सन् 1907 में ''लाला लाजपतराय'' नामक काव्य की रचना की। स्वतंत्रता संग्राम से युक्त उदबोधन काव्य परम्परा की यह प्रथम रचना है। इसका काव्य प्रयोजन भी व्यक्त है–

देशबंधुवनुचु देशदेशंबुन
वेरुगांचिनट्ट भारतीयु
पूज्यचरितं विन्न पुण्युंब गावुन
लजपतीन्दुं विनुडु प्रजालोकिंत।''

अर्थात् देश विदेशों में ''देशबन्धु'' के नाम से प्रसिद्ध भारतीय के पुनीत चरित्र को सुनने से पुण्य प्राप्त होगा अतएव लाजपतीन्द्र की विमल कथा को सुन लें।

श्री मंत्रीप्रगड भुजंगराव ने 1917 में ''गोपाल कृष्ण गोखले चरित्र'' नामक काव्य का सृजन किया था। उन्होंने अपने काव्य की भूमिका अंग्रेजी में लिखी थी। हिरोवर्शिप इज़ नॉट ए थिंग अन-नोन अमंग अस एंड श्री गोखले इज़ वन ऑफ द प्रेजेंट डे हीरोज हूज लाईफ वर्क शुड बी टेगेड्‌ ऑफ बाई ऑल हिज़ कंट्रीमेन इज़ देट ऑफ राम एंड कृष्ण ओल्ड।''

आन्ध्र की एक रियासत के राजा थे श्री भुजंगराव। स्वतंत्रता संग्राम से देशी राजा प्रायः विमुख थे। किन्तु उसके प्रतिकूल श्री भुजंगराव ने ''दादाभाई नेरोजी चरित्र'' की रचना की।

श्री जंध्याल अय्यवारू ने स्वतंत्रता संग्राम के सेनानी कोंडा वेंकटप्पयूय के जीवनवृत्त पर ''देशभक्तुडु'' (1921) नामक काव्य की रचना की।

श्री चेल्लचिल्ल वेंकटेश्वर कवि ने ''लोकमान्य तिलक'' (1951) की यशस्वी जीवन गाथा पर काव्य लिखा।

तेलुगु के सुप्रसिद्ध कवि गुर्रम जाषुवा ने ''नेताजी'' के नाम से सुभाषचन्द्र बोस की जीवन गाथा को काव्यबद्ध किया। वे लिखते हैं-''त्यागवीरुला रक्त दानंबुन गनि दर्शनविडंदु, स्वातन्त्र्य संध्य'' अर्थात - त्यागवीरों के रक्तदान के बिना स्वतंत्रता संध्या दर्शन नहीं देती। ये पंक्तियां तब लोगों के कंठों से गुंजती रहीं।

श्री ए. काशी वर प्रसाद राव ने सुभाष बोस चरित्रमु और श्री उडेल मालकोंडा रेड्डी ने भी ''नेताजी'' नामक काव्यों का सृजन किया था।

श्री कोडावाटि वेंकट कवि ने श्री जवाहरलाल नेहरु की आत्मकथा का काव्यानुवाद ''नेहरुचरित्र' (1957) के नाम से किया था।

श्री चिवुकुल पैद वेंकटाचलपति ने भारतीय कांग्रेस और स्वतंत्रता संग्राम यज्ञ में सेनानियों की जीवन गाथाओं का विशद वर्णन काव्य ''बंधाविमुक्ति'' काव्य में किया था।

राष्ट्रीय नेताओं के निधन पर उनकी देशसेवा, देशप्रेम आत्मबलिदान को स्वतंत्रता संग्राम यज्ञ में महान आहुति माना गया है। तदर्थ रचनाओं को ''शोक गीत'' या ''स्मृति काव्य'' के नाम से अभिहित किया है। श्री गोपाल कृष्ण गोखले के निधन पर श्री रायप्रोलु सुब्बाराव ने ''स्मृति खंडिका'' की रचना की। श्री नागेश्वर राव (आन्ध्र विश्वविद्यालय के हिन्दी प्रोफेसर डॉ. कर्ण राज शेषगिरि राव के पिता) ने ''मोतीलाल निर्वाणमु'', ज्ञानानन्द कृत ''गांधी अमरगीता, अल्लराजु रंगनायुडु कृत ''शांति-यात्रा'' आदि उल्लेखनीय है।

पंडित दुभाक राजशेखर शतावधानी ने ''राणा प्रताप सिंह चरित्र'' और ''अमरसिंह चरित्र'', नामक काव्यों की रचना स्वतन्त्रता संग्राम के वीरों को अनुप्राणित करने के लिये की थी।

अतीत के गौरव और सनातन धर्म के पुनरुद्धार के लिये श्री घडियाराम वेंकटशेष शास्त्री ने ''शिवभारतमु'' (1942-46) की रचना की।

श्री मंगिपूडि वेंकट शर्मा कृत ''दुर्गावती'' (1934) गोंड रानी दुर्गावती के शौर्य को चरितार्थ करती है।

श्री पुट्टपर्ति नारायणाचार्य की कृति ''शिवाजी' ''शिवाजी'' महाराज के वीर चरित्र पर आधारित है।

महात्मा गांधी के स्वतंत्रता संग्राम के कई मोर्चे थे। विभाजक रूढ़ियों से और अन्ध विश्वासों से भारतीय मानसिकता को मुक्त करना गांधीजी का परम लक्ष्य था। उनमें हरिजनोद्धार भी एक ऐसा ही मोर्चा था। इस पर कवि जाषुवा कृत ''गब्बिलमु'' नामक एक भाव प्रधान प्रबन्ध काव्य है।

इसमें किसी जीर्ण देवालय में पड़ा हुआ एक अस्पृश्य व्यक्ति अपनी दयनीय दशा का विवरण एक चमगादड़ के माध्यम से भगवान शंकर के पास भेजता है। इसमें तत्कालीन सामाजिक रूढ़ियों और परम्पराओं का चित्रण है। स्वतन्त्रता संग्राम का भी प्रभावशाली चित्रण है।

निम्नजातुल कान्नीटि नीरमुल
पिडुगुले देशमुनु काल्यिवेयमनुच,
राष्ट्रमुनु दुडङ्कुगरं करानबूनि
देसानी दोचे गुजराति मुसलि सेट्टिठ

अर्थात् निम्न जाति वालों के आंसू कही बज्र बन कर देश को जला न दें, इसलिए गुजरात के बूढ़े सेठ हाथ में छड़ी और चरखा लेकर चारों दिशाओं में दौड़ पड़े हैं।

हरिजनोद्धार पर और कई काव्य रचित हैं।

भारतीय स्वतंत्रता संग्राम काल आत्मबलिदानों और ऐतिहासिक संघर्षो का स्वर्णिम युग था। उससे अनुप्राणित असंख्य तेलुगु कवियों ने बहुआयामी काव्यों का सृजन किया। अपने स्वाभिमान के लिये भारतीय मानसिकता कितनी तत्पर थी, उसका मार्मिक चित्रण उस काल के काव्यों में दृष्टव्य हैं। अतीत का गौरव, जातीय गरिमा, शौर्य, आत्म बलिदानों और त्याग तथा उत्सर्ग की असंख्य गाथाओं के चित्रण से तेलुगु काव्य भरपूर है जिसके स्वर और उद्बोधन से आन्ध्र के स्वतंत्रता सेनानियों को प्रेरणा मिली।

9

पंजाबी कविता

प्राचीन पंचनद प्रदेश को आधुनिक काल में पंजाब कहा जाता है। यह आर्यों की भूमि है। आर्यों ने यहीं वेदों का गायन करते हुए सर्वप्रथम प्रकृति की उपासना की थी। इसकी समृद्ध सांस्कृतिक परंपरा आज तक चलती आ रही है। जब भी भारत आर्यभूमि पर विदेशियों का आक्रमण हुआ पंचनद प्रदेश के निवासियों ने डटकर उसका सामना किया। शताब्दियों तक देश माता की सुरक्षा के लिए संघर्ष किया। संघर्ष झेलते-झेलते पंजाब के निवासी के लिए युद्ध और वीरता का प्रदर्शन जीवन का अभिन्न अंग बन गया। यह जाति संघर्ष की गोद में पल कर वीर जाति कहलाई। मध्यकाल में इस जाति ने पठानों और मुगलों से घोर संग्राम किया। उसके संग्राम का लक्ष्य एक ही था, अपनी मातृभूमि को सदा स्वतंत्र रखना, विदेशी शक्ति के अधीन न रहने देना। फलतः पंजाब के रक्त में जिस प्रकार वीरता की आग है उसी प्रकार उसकी आत्मा में देशाभिमान भी है। इसका स्वाभिमानी साहित्य भी सबको राष्ट्रीय भावना से प्रेरित करता है। साहित्य सामाजिक जीवन का हस्ताक्षर है। सांस्कृतिक जीवन का प्रतिबिंब साहित्य में झलकता है। पंजाबी शूर-वीर संस्कृति की संतान है। यह धर्मभूमि है और कर्म भूमि भी। यहां नए धर्म मत का अभ्युत्थान हुआ। सर्व प्रथम गुरु नानक जी ने युगानुकूल धर्म का प्रवर्तन किया और स्थानीय परिस्थिति को देखते हुए समूची जाति को क्षात्र धर्म की दीक्षा दी। उनकी वाणी का संग्रह गुरुग्रंथ साहब है जो गुरु अर्जुन सिंह द्वारा संकलित और संपादित है पंजाब के आदि कवि बाबा शेख फरीद, जिनका समय बारहवीं

शताब्दी है, जो सूफी संत थे, की रचना में सर्वप्रथम राष्ट्रीयता का स्वर मिलता है। उन्होंने लिखा है-

फरीदा बारि पराइऐ बैसणा साई मुझे ने देहि
जे तू एवै रखसी जीउ सरीरहु लेहि

पंजाब के आदि कवि उक्त कविता में यह फरमाते हैं कि हे मेरे मालिक, मुझे कभी भी ऐसा मौका न देना जिससे मुझे परतंत्रता में जीवन जीना पड़े। यदि मुझे परतंत्र ही रखना है तो उससे बेहतर यही है कि मेरे शरीर से मेरी रूह निकाल लो अर्थात परतंत्रता की अपेक्षा स्वतंत्रता प्राप्ति हेतु मैं अपना जीवन को न्यौछावर कर सकता हूं। यदि जीना है तो स्वतंत्रता में ही। अन्यथा मुझे मरना स्वीकार है।

बाबा शेख फरीद का यह उद्गार परवर्ती सभी पंजाबी कवियों ने स्वीकार कर बार-बार दोहराया है। पंजाबी कवियों के मानसिक धरातल पर यही भावना शताब्दियों से उजागर है। फरीद वाणी का अनुसरण करने वाले कतिपय कवियों का दृष्टांत दिया जा सकता है।

कवि मुनशा सिंह दुःखी होकर अपने काव्य में कहते हैं- हे भारतवासियो, आइए, सब मिलकर दुःख दूर करने के उपायों पर विचार-विमर्श करें। भारत माता परतंत्रता की जंजीरों में जकड़ी हुई है। उनकी एक पंक्ति इस प्रकार है–

साडी कौम का नाश अंग्रेज कर सन

अर्थात परतंत्र होकर जीते रहे तो अंग्रेज सारी राष्ट्रीयता का हनन कर डालेगा।

नन्दलाल नूरपूरी अन्यतम यशस्वी कवि हैं जिनकी स्वातंत्र्य चेतना उनके काव्य की हर पंक्ति में साफ झलकती है। वे कहते हैं- दिल के हजार टुकड़े हो चुके हैं। हम अंग्रेजों के अधीन है। पराधीनता में कब तक जीएं? कवि ने कई प्रतीकों द्वारा स्वतंत्रता का और परतंत्रता के कष्टों का चित्रण किया हैं। पिंजड़े में बंद पड़े पंछी को संबोधित कर कहते हैं कि वह कब तक इस हालत में रहेगा। हे पंछी, तेरी उड़ान ही स्वतंत्रता है-

एधो उड़ जा, भोलिया पंछीआ, वे तू आपणी जान बचा
एधे घर-घर फाहीआं गड्डीआं, वे तू छुरिया हेठ न आ।

आगे कवि कहता है कि गुलामी के जीवन में तो दिन दहाड़े डाके पड़ते हैं और परतंत्र पंछी के पालने उड़ा दिए जाएंगे। इतना ही नहीं तेरे दाने भी जहरीले होंगे। इतना ही नहीं तेरी खुराक विषैली न भी हुई तो शासक उसे उड़ा ले जाएंगे। इस प्रकार परतंत्र और स्वतंत्र पंछी की तुलना पंजाब के सर्व प्रथम आधुनिक कवि भाई वीर सिंह की ''गंगाराम'' शीर्षक कविता में भी मिलती है।

कवि अवतार सिंह ने अपना उपनाम ''आजाद'' रखा था। उन्होंने लिखा है–

गुलामी दे जीवन नालों मौत है आजाद चंगी
होवे बरबादी भावें होता खुसहालियां

परतंत्रता के जाल से मुक्त होकर मरना यश का कारण भी हो सकता है और मृत्यु यश भी दे सकती है। चाहे तबाही हो या चाहे खुशहाली परतंत्रता से मौत भली है।

कवि अरजन सिंह ''गड़गज'' अत्यंत स्वाभिमानी पंजाबी कवि माने जाते हैं। पंजाबी में ''गड़गज'' का अर्थ ''गरजन'' है। उन्होंने अत्यंत विद्रोही स्वर उठाया है।

स्वाधीनता दी खातर मरांगा हुण
कोई आखसी नहीं नामर्द मैंनू
रस्सा गले दे बिचते लड झूटे
तां वी कहांगा देश दा दरद मैंनू

मैं अब स्वाधीनता के लिए मर जाऊंगा। क्योंकि पराधीनता से मौत अच्छी है। ऐसा करने पर मुझे कोई नपुंसक नहीं कहेगा। यदि फांसी का रस्सा गले में झूलते समय दर्द होगा तो मैं यही सोचूंगा कि वह देश का दर्द है।

जसवंत सिंह ''जस'' ने एक आलेख में लिखा है कि सन् 1905 में बंगाल से प्रारंभ होने वाला आजादी का आंदोलन देश का राष्ट्रीय आंदोलन बन गया। परन्तु

पंजाबी के आधुनिक कवि भाई वीर सिंह ने (1872-1957) उससे पहले आजादी की मांग कर दी थी अपनी कविताओं में। पंजाब के भूतपूर्व मुख्यमंत्री गुरुमुख सिंह मुसाफिर ने कहा है कि आजादी की लड़ाई के लिए पंजाबी कविता के आह्वान को कोई सर्वप्रथम स्थान दे या न दे पर राष्ट्रीयतावादी कविताओं में पंजाबी काव्य कभी पीछे नहीं रहा।....यदि मैं यह कहूं कि पंजाबी कविता ने ही तो दिल्ली को स्वतंत्रता का रास्ता दिखाया है तो न यह अतिशयोक्ति होगी और न दूसरी भाषाओं का अपमान होगा। आजादी लाने के लिए जो जादू पंजाबी कविताओं में था, वह शिक्षित संग्रामियों के भाषण में कहां था। इन कविताओं ने गदरलहर को देश-विदेश के कोने-कोने में फैला दिया था। स्वतंत्रता संग्राम की लहर पंजाबी कविता का एहसान मंद है।

भाई वीर सिंह की कविता राष्ट्रीय जागरण का अनुपम काव्य है। उनके काव्य में पंछी प्रतीक है। उन दिनों स्वतंत्रता के लिए प्रत्यक्ष ढंग से कोई कुछ लिख नहीं सकता था। रूपकों और प्रतीकों का सहारा लेना पड़ता था। भाई वीर सिंह ने पंछी का प्रतीक चुना।''गंगाराम'' काव्य में कारागार में बंद पड़े स्वतंत्रता सनेानियों की मानसिक दशा का भी विस्तृत बर्णन है। यह एक कथाप्रधान काव्य है। एक तोता पिंजड़े में रहने से उसी को स्वर्ग सुख मानता है। तोता सरकार की बोली भी नकल कर के सीख लेता है। पिंजड़े में बंद रहकर वह इतना सुखी था कि तोता बाहर आना ही नहीं चाहता था। एक दिन पिंजड़े की एक खिड़की खुली रह गई। वह उड़ नहीं सकता था। दूसरी ओर जंगल का एक बूढ़ा तोता उसे स्वतंत्र होने के लिए प्रेरणा देता है। गंगू बंदी तोता है। वह बूढ़े आजाद तोते से कहता है-

मैं वसण नूं इक महिल सिगा
जो बहुत सुआदु लग दी सी।

मेरे लिए पिंजड़ा महल के समान है। खाने के लिए स्वादिष्ट पूरी मिलती हैं किसी का भय नहीं है। रात-दिन मुझे आनंद ही आनंद मिलता है। मुझे तो बोलना भी बंदी बनाने वालों ने सिखाया है–

मैं समझ नहीं की बोलां
जो बोलन साई नकल करां

परतंत्र देशवासियों की जुबान बंद कर दी जाती है। स्वेच्छा से बोलना भी अपराध माना जाता है। किंतु मैं तो बोल पाता हूं।

भाई वीर सिंह की कविता का सारांश है-पराधीनता की चोट गहरी होती है। गुलाम को यह महसूस ही नहीं होता कि पराधीन है। यदि बूढ़ा तोता बंदी तोते को मुक्त न करता तो उसे कहां आभास होता कि पराधीनता क्या है। गुलामी का दुष्प्रभाव पहले शरीर पर, उसके बाद धीरे-धीरे मन पर पड़ता है। अंत में उसकी मानसिकता पूरी तरह बदल जाती है।

''गंगाराम'' में गहरा व्यंग्य भी है। ''हुण पूच्छण हाल बिलाइत दा'' प्रसंग व्यंग्यपूर्ण और हास्य उद्दीपक है।

कहना न होगा कि भाई वीर सिंह परवर्ती पंजाबी कवियों के आदर्श कवि रहे। कवियों ने न केवल भाव पक्ष का अनुसरण किया; बल्कि शैली का कई दशकों तक अनुकरण किया जाता रहा। वीर सिंह की भाषा बड़ी शानदार थी। जो सीधे हृदय तक बाण के समान चुभ जाती है। राष्ट्रगीतों के अनन्य प्रणेता के रूप में उन्हें पर्याप्त यश मिला। उनकी पंक्तियाँ सूक्ति रूप में पंजाब जन समाज में प्रचलित है। अपने जीवन काल में ही वे किंबदंती पुरुष बन गए थे।

डॉ. जगतार भगवान, प्रो.दीदार सिंह, भाई ज्ञान सिंह, पुरुषोत्तम लाल बैहशी, गुरुदेव सिंह आदि के नाम उल्लेखनीय हैं जिन्होंने पंजाब की राष्ट्रीय चेतना पर काफी चर्चा की है। ध्यातव्य यह है कि पंजाब की राष्ट्रीय चेतना निरंतरता का निदर्शन है। यह केवल भाववाचक न होकर सर्वथा क्रिया वाचक है। उद्दाम सिंह, शहीद भगत सिंह एक -दो नहीं, हजारों हैं जिन्होंने देश के लिए आत्म बलिदान दिया है। शहीदों को समर्पित अनेक स्फूट रचनाएं तथा खण्ड काव्य रचे गये है। देश की हानि को पंजाबी कभी बरदास्त नहीं करता। देश के दुश्मन से वह कभी

समझौता करना नहीं जानता। देश-प्रीति की रचनाएं आजादी के बाद भी अनेक लिखी गई है। मुख्यतः तीन प्रकार की रचनाएं उपलब्ध हैं :-

1. शुद्ध राष्ट्रीयतावादी काव्य

इस कोटि के काव्य स्वतंत्रता आंदोलन के दौरान जन जागृति के लिए लिखे गए थे। अधिकांश काव्य प्रतीकात्मक शैली में हैं। देश के लिए त्याग, आत्मदान, अहिंसा, असहयोग आदि सेवाव्रती बनने का आग्रह रखा गया है। इनमें किसी प्रकार की जाति-वर्ण, संप्रदाय आदि संकीर्ण भावना नहीं है।

2. शहीद काव्य

इस प्रकार के काव्यों में देश के लिए आत्म बलिदानी वीरों को श्रद्धांजलि दी गई है। उनका संपूर्ण जीवन चरित्र है। एकता, राष्ट्रीयता आदि का प्रबल स्वर गूंजा है। यह भी स्वच्छंदतावादी कवि चेतना का अप्रतिम उद्‌गार है।

3. ऐतिहासिक राष्ट्रीय काव्य

इन काव्यों में आजादी के आंदोलन के दौरान घटित घटनाओं का काव्यात्मक वर्णन है। पंजाब की वीर संस्कृति का परिचय दिया गया है। अंग्रेजों की दमन नीति की निंदा की गई है। अखण्ड स्वाधीनता की चाह, वीरपूजा, मातृभूमि की महत्ता आदि का चित्रण मिलता है।

पंजाब के कवियों को भी दो वर्गो में रखा जा सकता है। प्रथम वर्ग के कवि वे हैं जिन्होंने एकल अमर राष्ट्रीय काव्य कृति की रचना की है। दूसरे वर्ग में सामान्यतः वे कवि आते हैं जिन्होंने अपने काव्यों में राष्ट्रीयता का वर्णन किया है। प्रायः यह देखा जाता है कि पंजाब के लगभग सभी कवियों में राष्ट्रीय चेतना अवश्य है। काव्य जिस किसी भी विषय पर आधारित क्यों न हो, राष्ट्रधर्म की और राष्ट्रीयता की कवियों ने कभी अवहेलना नहीं की है।

भाई ज्ञान सिंह लिखते हैं:-

सुनो, सुनो शहीदां दी दास्तान
आजाद हो गया हिन्दुस्तान

यह पुस्तक शहीदों को समर्पित है जिन्होंने स्वतत्रंता के लिए अपना जीवन दांव पर लगा दिया था। इन्होंने ही सचमुच स्वतंत्रता की देवी के दर्शन किए थे। कवि गुरुदेव सिंह राय का ''पंजाब बोलदा है'' उक्त कोटिका एक अनमोल काव्य है। इसमें फिरंगियों के साथ भारत माता के सत् पुत्रों की स्वतंत्रता के लिए युद्ध-वीरता का चमत्कारी वर्णन है:–

फिरंगिआं दा युद्ध होइआ मेरे पंजाबी पुत्तर एं नाल

फिरोज दीन सर्फ भले ही अल्प ज्ञात कवि हैं उनके काव्य में वीरपूजा का अदभुत वर्णन है। कवि मोहन सिंह ने कितनी अनूठी बात कहीं है-आजादी के स्वप्न सो कर साकार नहीं होते। इनके लिए जगना पड़ता है। मैं तो स्वप्न बेचता हूं–

बेचां मैं सोहणिओ आजादी के सुपने
होवे जे लैण दा खिआल

मुस्लिम कवि सर्फ के अनुसार आजादी की हवा का झोंका जिस देश में चल पड़े उसे देश के परवाने शीश कटवाने की भी परवाह नहीं करते हैं।

हरनाम सिंह टुंडी लाब, डॉ. दीवान सिंह, विधाता सिंह, वीर, जीवन सिंह दुखी, हीरा सिंह द्वरद, लाला बांके दयाल, संतोख सिंह, उत्तम सिंह, हरि सिंह खंडा, रणजीत सिंह तलवार, वधावा सिंह भेती, विसाखा सिंह, बाबा, प्रीतम सिंह सफीर, जगतार सिंह, देस राज दानिश, दर्शन सिंह आदि जनप्रिय कवियों की रचनाओं में अनन्य देशभक्ति के प्रमाण हैं। इनमें से तो अनेक बागी लोक कवि के रूप में परिचित है। इनके प्रत्येक छन्द में विद्रोह का स्वर है व्यवस्था के प्रति, अनैतिकता के प्रति, हिंसा के प्रति, कलुषित शासन नीति के प्रति। हीरा सिंह दख्द की प्रत्येक कविता देश-भक्ति और स्वतंत्रता-प्रेम के रंग में रंगी है। ज्ञान सिंह जोश, बेकल,

मधुसूदन सिंह आदि आत्मिक स्वतंत्रता और राष्ट्रीय स्वधीनता के लिए काव्य रचना करते रहे। बलवंत की आवाज हमेशा इंकलाबी है।

पंजाबी लोक गीत में भी राष्ट्रीयता, राष्ट्र-प्रेम भरपूर है। इसी वजह से कूका लहर की एक अलग धारा चल पड़ी है–

कूकिआं दा पंथ निराला
अंग्रेजां दी ईल न मनंदे
मंगिआं देन न हाला
राज फरंगोआं दा चंद रोज दा वाला

कूका पंथ वाले अंग्रेजों की बात नहीं मानते हैं। वे कुछ मांगे तो नहीं देते । क्योंकि अंग्रेजों का राज्य थोड़े ही दिनों में समाप्त होने वाला है।

इस प्रकार लोक गीतों से लोक कविता धारा का पंजाबी में जन्म हुआ। कवि गड़गज की जोश भरी कविता जनता की कण्ठहार बन गई है –

ऐ देवी आजादी दी आ
नहीं झूठ गरीब दीन हा
इंग्लैंड ते जापान विव ईरान, अरब मझांर हां
मैं तेरा आशक यार हां

चाहे मैं निर्धन, दीन हूं, फिर भी है आजादी, मैं तेरा प्रेमी हूं। तेरे दर्शन के लिए घर-घर भटकता हूं और प्रत्येक द्वार खटखटाता हूं, इंग्लैंड, जापान, ईरान, अरब तक भी तेरे दर्शन के लिए पहुंचा हूं और गहरे सागर में डूबकी लगाई है। मैं तो तेरा ही दीवाना हूं।

बारहवीं शताब्दी में आदि कवि शेख फरीद ने राष्ट्रीय भावना का काव्य साहित्य में जो बीज बोया था, उसका विकास निरंतर देखा गया है। स्वतंत्रता आंदोलन के दौरान पंजाबी कवियों का एक मात्र ध्येय देश माता का गुणगान करना था। भारत माता का एक स्वरूप उनकी चेतना में कल्पित थी जिसका आकार वर्णन कविताओं में हुआ है। पंजाब की संतानों को शूर-वीर के रूप में निर्माण करने में पंजाब के काव्य साहित्य की महान भूमिका रही है।

10

बंगला कविता

स्वतंत्रता आंदोलन की अवधि भारतीय साहित्य के लिए महत्वपूर्ण समय है। इस समय देश एक ऐसे साम्राज्यवादियों के चंगुल में फंसा हुआ था जिनकी शासन पद्धति का मूल मंत्र था "शोषण"। इस युग के कवियों का मूल मंत्र था "राष्ट्रीयता"। इन कवियों ने मानव हृदय के सूक्ष्म भावों की अभिव्यक्ति दी। राष्ट्रीयता इस काल का प्रमुख स्वर था जो कि 1947 तक देश के प्रत्येक राज्य में मुखरित रहा जिसमें प्रत्येक राज्य के भिन्न भाषा-भाषी कवियों ने पूर्ण योगदान दिया। बंगाल भी इस देशभक्ति की भावना से ओतप्रोत हो गया और इस प्रदेश के प्रत्येक साहित्यकारों ने जनगण के अंतःस्थल को देशप्रेम की भावना से भर दिया। विपिन पाल (1858-1931) और शरतचन्द्र (1876-1935) की लेखनी ने सुप्त जाति की सुप्त चेतना को जागृत किया। रवीन्द्रनाथ (1861-1941) और शरतचन्द्र (1876-1932) की कविता और काव्य की विप्लवी वाणी चारों दिशाओं में गूंजने लगी। बंगाल के कवि गायक और गीतकारों की राष्ट्रीय वाणी बंगाल वासियां के रक्त में अंगारे भर दिये। ईश्वरचंद्र विद्यासागर, राजा राम मोहनराय, देवेन्द्रनाथ ठाकुर, केशवचन्द्र सेन आदि महामानवों नें अंधविंश्वास एवं समाजिक रूढ़ियों के विरुद्ध लेख लिखकर सुधारवादी आंदोलन चलाया। इनकी रचनाओं ने इसके बाद के कवियों को नई राह दिखाई।

पराधीन भावना ने बंगाल के कवियों के हृदय में आक्रोश की भावना भर दी। देश के उत्कर्ष-अपकर्ष के लिए उत्तरदायी परिस्थितियों पर प्रकाश डालकर इस युग के कवियों ने जनमानस में राष्ट्रीय भावना के बीजवपन का कार्य किया।

स्वदेश प्रेम की भावना से प्रेरित होकर बंकिम चन्द्र चट्टोपाध्याय ने ''आनन्दमठ'' की सृष्टि की। इनका 'आनन्दमठ' हमें वन्दे मातरम् की शिक्षा देता है। इनके उपन्यासों में देश प्रेम का संदेश है। वे देश प्रेम को धर्म और धर्म को देश प्रेम कहते थे। इनकी ''सुजला सुफला शस्य श्यामला'' कविता ने सारे देश में देश प्रेम और मुक्ति कामना की लहर फैला दी। ''आनन्दमठ'' को क्रांतिकारियों का बाईबल कहा जाता है। बंकिम को आधुनिक भारत की राष्ट्रीयता का जनक भी कहा जाता है। राष्ट्रीय जीवन संगठन क्षेत्र में ''आनन्दमठ'' का स्थान कितना उच्च है यह निर्णय करने का समय अभी तक नही आया है। एक समय था जब स्वदेशियों के एक हाथ में गीता और दूसरे हाथ में ''आनन्दमठ'' होता था। बंकिम के इस उपन्यास में निहित भाव व्यंजना तथा संन्यासी संतन-सम्प्रदाय का निष्काम स्वदेश प्रेम ने बंगाली युवकों के मन में स्वदेशभक्ति के साथ-साथ असीम त्याग और सेवा भाव पैदा किया था। प्रसिद्ध वन्दे मातरम् ही इसका आधार स्तम्भ है। स्वयं बंकिम के अनुसार ''किस प्रकार अनुशीलन द्वारा स्वदेश की मुक्ति सम्भव है देशवासियों को यही समझाने का प्रयास इस उपन्यास में किया गया है।'' लेखक ने संन्यासी-विद्रोह की पटभूमिका में ''आनन्दमठ'' की रचना की है; परन्तु उनके शब्दों में ''इसमें ऐतिहासिकता का दिखावा नहीं है किस प्रकार अनुशीलन के द्वारा पराधीनता से मुक्ति सम्भव है यही देशवासियों को समझाया गया है।''

1869 के ''हिन्दू मेला'' ने भी बंगाल के कवियों को स्वदेश प्रेम की भावना से प्रेरित कर दिया। भारत के सर्वप्रथम आई.सी.एस. सत्येन्द्रनाथ ठाकुर ने अपनी विख्यात कविता ''मिलि सबे मोरा भारत संतान'' लिखकर जनगण के हृदय में राष्ट्रीयता की भावना को जागृत किया। इस मेले ने अनेक कवियों को जन्म दिया जिन्होंने उस समय के जन-समाज को पराधीनता के बंधन से मुक्त होने के लिए प्रेरित किया। छुआछूत, जाति प्रथा, स्त्री-पुरुष के भेदभाव आदि का विरोध और स्वतंत्रता व समता का समर्थन बंगला कवियों की रचनाओं का मूल स्वर बन गया है। हिन्दी साहित्य के आचार्य रामचन्द्र शुक्ल जी ने ''हिन्दी साहित्य के इतिहास में लिखा है कि 1872 में भारतेन्दु हरिश्चन्द्र जी की जगन्नाथ यात्रा के दौरान उनका

परिचय बंगाल की क्रांतिकारी साहित्यिक रचनाओं से हुआ। इस समय के बंगला कवियों ने बहुल साहित्यिक रचनायें की जिससे देश में एक साहित्यिक परिवर्तन आ गया। इस समय के अधिकांश साहित्य में अपने को पहचानने तथा पाश्चात्य बन्धनों से छुटकारा पाने का तथ्य है।

जिन कवियों ने आलोच्य काल में अपना योगदान दिया है उनका किंचित विवरण दिया जाए रहा है–

(1) अतुलप्रसाद सेन (1871-1934) बंकिम चन्द्र द्वारा रचित ''वन्दे मातरम्'' से अत्यन्त प्रभावित हुए थे और उसी भावधारा में बहकर इन्होंने अनेक देशभक्ति मूलक रचनायें की। भारतमाता की दयनीय अवस्था को देखकर उन्होंने भारतवासियों से प्रार्थना की कि अब अवसर आया है जबकि गुलामी के बन्धनों को वीरतापूर्वक काटकर आगे बढ़ें। अब हमें आगे बढ़ने के लिए साहस और उत्साह संचय करना है। भारतीय संतान के सुप्त हृदय को जागृत करने के लिए इन्होंने वीर रस से पूर्ण रचनायें की।

''हओ कर्म ते वीर,
हओ धर्मे धीर, हउ उन्नत सिर नाइ भय।
भूलि भेदाभेद ज्ञान, हओ सबे आगुआन
साथे आछे भगवान हबे जय।''

उच्च स्वर से गाये जाने वाले ''अतुलप्रसादी गान'' जन-जन के हृदय में देश-प्रेम की ज्वाला भड़का देते हैं।

(2) विश्वकवि रवीन्द्रनाथ ठाकुर (1861-1941) हमारा राष्ट्रीय गीत ''जनगण मन अधिनायक जय हे, भारत भाग्य विधाता'' आपकी अमूल्य कृति है। गांधीजी ने इस कविता को ''देशप्रेम का भक्तिमंत्र'' कहा है। रवीन्द्रनाथ जिस युग की संतान थे वह उनके यशस्वी पिता महर्षि देवेन्द्रनाथ, ब्रह्मधर्म प्रवर्तक राजा राम मोहन राय, ईश्वरचन्द्र विद्यासागर,

बंकिमचन्द्र चट्टोपाध्याय, केशवचन्द्र सेन, माईकेल मधुसूदन दत्त, गिरीशचन्द्र घोष, रमेशचन्द्र दत्त का युग था। वह युग भारतीय सामाजिक विधान के प्रति श्रद्धा का और भारतीय सामाजिक कुसंस्कारों के प्रति अश्रद्धा से प्रेरित विद्रोह का था। प्राचीन परम्पराओं में आस्था और अनास्था दोनों इस युग में थी। स्वदेशी वस्तुओं के प्रयोग तथा विदेशी वस्तुओं के त्याग पर उन्होंने बल दिया। मातृभूमि की महिमा का गान भी देश भक्ति का अंग है जिसकी ओर कवि ने आग्रहपूर्वक ध्यान देकर अपने देश को 'स्वर्ण देश' कहा–

''आमार सोनार बांगला, आमि तोमाय भालो बासी''

इस कविता में कवि के देशप्रेम की भावना स्पष्ट झलकती है। कवि ने अपने देश को ''स्वर्ण नगरी'' कहा है।

धन धान्ये पुष्पे भरा आमा देर एइ वसुन्धरा
तांहांर माझे आछे देश एक सकल देशेर सेरा,
से जे स्वप्न दिए तोईरी से जे श्रृति दिए घेरा,
एमन देश ही कोथाओ खुजे पावे ना गो तुमि,
सकल देशेर रानी से-जे आमार जन्मभूमि!
से ज़े आमार जन्मभूमि! से ज़े आमार जन्मभूमि!

धन और पुष्पों से मंडित यह ऐसा देश है जो स्वप्न और श्रृतियों से घिरी है। वह सर्वश्रेष्ठ है और यही मेरी जन्म-भूमि है।

कवीन्द्र रवीन्द्र एक ऐसे कवि थे जिन्होंने अपनी रचनाओं के माध्यम से अनेक प्रकार का संदेश देशवासियों को दिया और उनके संदेश से अनुप्राणित हो भारत माता की पुरानी छवि के नवीकरण में शत-शत कवियों ने योगदान दिया। इनको प्रेरणा एवं वात्सल्यमय प्रोत्साहन के परिणामस्वरूप अनेक कवि सामने आये और उन्हीं के आदर्शों को लेकर आगे बढ़े जिनमें कुछ प्रमुख कवि हैं– जितेन्द्र मोहन बागची (1828-1948), निधन बनर्जी (1877-1955), किरनधन चटर्जी

(1887-1934) कुमुदरंजन मौलिक (1883-1920) और कालिदास राय (1889-1973) स्कूल शिक्षक थे।

करुणा निधनजी की रचनाओं में देश प्रेम कूट-कूट कर भरा हुआ है। ''प्रसादी'', ''झराफूल'', ''धान दुर्वा (1921) और रवीन्द्र आरती (1937) आदि रचनाओं पर उनका देशप्रेम तथा गांधीवादी विचारधारा का प्रभाव स्पष्ट है। इनकी कविताओं की भाषा सरल तथा प्रभावोत्पादक है। भौमिक जी ग्राम्य जीवन से प्रभावित थे। जहां उनकी रचनाओं में ग्रामीण जीवन की सरलता झलकती है वहां दूसरी ओर ग्रामवासियों के पीड़ा, प्रदूषित वातावरण तथा शोषण का स्पष्ट चित्र देखने को मिलते हैं।

कवि रवीन्द्र द्वारा रचित कुछ प्रमुख रचनाओं के नाम हैं–पूरवि (1925), परिशेष (1932), पुनश्च (1832), शेष सप्तक (1935), पत्रपट (1936), श्यामली (1936), छाड़ार छबि (1937)। युद्ध की बर्बरता का सजीव चित्रण कवि ने अपनी कविता ''अपधात'' में किया है। जो ''सानाई'' के अन्तर्गत है।

मातृवंदना की भावना से उल्लसित होकर कवि ने निम्नलिखित पदों की रचनी की है–

मातृ मंदिर -पुण्य अंगन कर
महोज्ज्वल आज हे,
वर पुत्र संघ विराज हे,
शुभ शंख बाज हे बाज हे (1921)

निराश जनता के मन में देशप्रीति की भावना पैदा करने के लिए कवि ने अपनी सशक्त लेखनी का सहारा लिया है। जिसके मनन से रग-रग में जोश भर जाता है तथा हताश व्यक्ति भी हाथ में मशाल लेकर अन्याय के विरुद्ध लड़ने को तत्पर हो जाता है–

व्यर्थ प्राणेर आवर्जना पूडीए फेले,
आगुन जालो, आगुन जालो

एकला रातेर अंधकारे आमि चाई
पथेर आलो। (1933)-

मन के व्यर्थ संशय को छोड़कर दुगुने उत्साह के साथ आगे बढ़ने की प्रेरणा देना भी कवि की रचना का मूल उद्‌देश्य है–

''शुभ कर्म पथे धरो निर्भय गान
सब दुर्बल संशय होक अवसान।'' (1936)

गांधीजी द्वारा चलाए गए सत्याग्रह आन्दोलन में भी बंग कवियों का योगदान है जो स्वतंत्रता तक चला जिसका स्पष्ट प्रमाण हमें नेताजी सुभाषचंद्र बोस और एन.एन.राय के आह्वानों में है। नेताजी का गीत ''कदम कदम बढ़ाये जा खुशी के गीत गाये जा'' ''ये जिन्दगी है कौम की तू कौम पर लुटाये जा'' आज भी हमें आगे बढ़ने की प्रेरणा देता है।

संग्राम के लिए नायक की आवश्यकता को समझाते हुए कविगुरु ने सुभाषचन्द्र बोस को एक पत्र लिखा था। पत्र इतना ओजपूर्ण है कि सामान्य मनुष्य भी ''गुरु'' की आकांक्षाओं के अनुसार खुद को ढालने का प्रयत्न करेगा। उस पत्र की एक और विशेषता यह है कि तत्कालीन समाज की राजनीतिक तथा सामाजिक अवस्था का भी वह द्योतक है। एक सशक्त विचारशील व्यक्ति द्वारा लिखे जाने के कारण यह एक ज्वलन्त मशाल का भी काम करता है। ''सुभाषचन्द्र, मैं बंगकवि हूं, बंग देश की ओर से मैं तुम्हें देशनायक के पद पर प्रतिष्ठित करता हूँ। जब देश दुर्गति के जाल में जकड़ा हुआ है तभी पीड़ित देश की अन्तर्वेदना के परिणामस्वरूप देश नायक का आर्विभाव होता है। शासकों के द्वारा दलित आत्मबोध से आज देश घिरा हुआ है, आपसी फूट तथा विरोधी शक्तियां दिन-ब-दिन बढ़ती जा रही है। इस समय एक आत्म-प्रतिष्ठित पुरुष के दक्षिण हस्त की आवश्यकता है जो जय-यात्रा के प्रतिकूल भाग्य की उपेक्षा कर सके।'' अन्त में कवि ने लिखा है –

''उदयेर पथे सुनि कार वाणी
भय नाईं ओरे भय नाईं।

निःशेषे प्राण जे कोरिब दान,
क्षय नाईं तार क्षय नाईं।"

उदय के पथ पर मैं रक्षक की वाणी सुन रहा हूं अतः डरने की आवश्यकता नहीं, देश पर प्राण न्योछावर करने वाले का आगमन हो चुका है, वह अक्षय, अजर, अमर है।"

(4) सत्येन्द्र नाथ दत्त (1882-1922) गांधीजी से प्रभावित थे। देशप्रेम की भावना उनमें कूट-कूट कर भरी थी। उन्होंने भारत माता का देवी कहकर संबोधन किया है और उनकी पूजा की है। गांधीवाद से प्रभावित उनकी कविता "बंग जननी", "आमरा", "कोन देश" में अस्पृश्यता को मिटाने के लिए जनगण का आह्वान किया है और जाति भेद को मिटाने पर भी जोर दिया है। "बंग जननी" के अन्तर्गत पीड़ित समाज की व्यथा तथा उसके निवारण के उपायों को प्रस्तुत किया है। "आमरा" में उन्होंने समष्टि की महत्ता प्रतिपादित की है। इन रचनाओं में जातिभेद किस प्रकार धुन की तरह समाज को खोखला कर देता है उसका स्पष्ट चित्रण किया है। उन्होंने जातिभेद और अस्पृश्यता जैसे समाज विरोधी तत्वों के निराकरण पर जोर दिया है। इन दोनों की निंदा करते हुए उन्होंने कहा है कि अगर हम इसे मिटाने के लिए कटिबद्ध नहीं होते तो ये हमारी उन्नति में रोड़ा डालने वाले हैं।

(5) गिरीन्द्र मोहिनी दत्त (1854-1924) पर रवीन्द्रनाथ की कविताओं का प्रभाव स्पष्ट देखा जाता है। इनकी कविताओं में इनकी बाल्यावस्था, गांव के प्राकृतिक हृदय और कलकत्ता शहर का विवरण है। इनकी प्रमुख रचनाएं हैं कविताहार, भारत-कुसुम, अश्रुकण, आभास अर्थ आदि।

(6) मोहितलाल मजुमदार (1888-1952) एक शिक्षक थे। इनकी पहली प्रभावशाली कविता पुस्तक "स्वप्न-पसारी" (1922) ने इनको एक

शक्ति और आस्था के कवि के रूप में समाज में स्थापित किया। इनकी कविता "अघोरपंथी" (1920) पर ऊमर खैयाम का प्रभाव देखा जाता है। स्मार गरल (1936), हेमन्त गोधुली (1941) आदि कविता-संग्रह उनकी रचना शैली की पराकाष्ठा को दर्शाते हैं। ये धीर और गंभीर कवि होने के कारण इनकी कविता हृदय की गहराइयों तक उतर जाती हैं।

(7) काजी नजरुल इस्लाम (1899-1976) की रचनाओं पर असहयोग आंदोलन और युद्ध की भयावहता का स्पष्ट प्रभाव देखा जाता है। "अग्निवीणा" (1922) में इनके क्रान्तिकारी विचारों का स्पष्ट परिचय मिलता है। "विद्रोही" नामक कविता ने इनको "विद्रोही नजरुल" नाम से विख्यात कर दिया है। उन्होंने पाठकों के मन में विद्रोह की भावना को जागृत करते हुए कहा कि –"मैं तूफान हूं, मैं अपने रास्ते में आने वाली प्रत्येक बाधाओं को नष्ट कर दूंगा। मैं अपनी इच्छाओं का मालिक हूं किसी नियम के वश में नहीं रहूंगा। मैं विधाता हूं, मैं ही विश्वकर्मा हूं।" यथा

"आमि महाप्रलयेर नटराज, आमि साईक्लोन, आमि ध्वंस।"

उनके साहित्य ने बंगाल को नई राह दिखाई जिससे उत्साहित होकर अन्य अनेक कवियों ने विद्रोह गीत लिखना आरम्भ कर दिया। तत्कालीन सामाजिक व्यवस्था से कवि नजरुल दुखी थे। समाज में विषमता को देखकर उनका मन विद्रोह करता था। एकता की भावना को महत्व देते हुए उन्होंने अपनी कविता "साम्य" में कहा है कि "मैं एकता के गीत गाता हूं जिससे सारे बाधा-विरोध दूर हो जाते हैं।" एकता के द्वारा हिन्दू, मुसलमान, ईसाई, बौद्ध सब मिलकर एकाकार हो जाते हैं।" इनकी कविताएं आज भी उतने ही उत्साह और जोश से गायी जाती है। अग्नि वीणा के बाद दोलचंपा (1923), बेसुरवंशी (1924), हुंकार गान (1924), युगेर हाउआ (1925) और बुलबुल (1928)

आदि रचनाओं ने साहित्य को वीररस और ओज से भर दिया। इतना ही नहीं पूरे पूर्वांचल को देशप्रेम और सामाजिक, राजनैतिक विद्रोह की भावना से आलोड़ित कर दिया।

जिन कवियों ने नजरुल के द्वारा दिखाई गई राह पर चलने का निश्चय किया उनकी कविताओं में क्रान्तिकारी भावनाएं स्पष्ट दिखाई पड़ने लगी। इटली के उग्रवाद से भी कुछ कवि प्रभावित हुए और वे स्वतंत्रता की भावना से काव्य रचना में प्रवृत्त हुए।

(8) जीवानन्ददास (1899-1954) एक ऐसे ही कवि थे जिनमें स्वदेश प्रेम कूट-कूट कर भरा था। भारतवासियों की गुलामी को देखकर उनका हृदय रो उठा। जनता में आत्मविश्वास-संचार करने का प्रथम उपाय था अतीत की गरिमा का सजीव चित्रण करना। उन्हें विश्वास था कि भारत इतना विकसित हो जाने पर भी अपनी परंपरा से जुड़ा हुआ है। अतः इतिहास को अपनी कविता का मूल विषय बनाकर जनता में विश्वास और आस्था पैदा करने का सफल प्रयत्न किया। इनके अनुसार हमारे देश में कुछ ऐसी दिव्यात्माएं हैं जो प्रकाश स्तम्भ की तरह हमें ज्योति प्रदान करती हैं। उनमें कुछ मुख्य हैं-नचिकेता, बुद्ध और गांधी। गांधी जी को अपनी कविता का नायक बनाकर उन्होंने लिखा है कि मानव का आत्म विश्वास उठ गया है, गांधी जी ने अपनी मानवतावादी विचारधाराओं के द्वारा मनुष्य की उस खोई हुई मानवता को फिर से स्थापित किया। अतः हमें उन पर विश्वास है।

(9) विपिन चन्द्र पाल (1858-1931) की रचनाओं पर बंकिम के ''आनंद मठ'' का प्रभाव स्पष्ट है। ''आनन्द मठ के बारे में उनके विचारों को पढ़ने पर यह विश्वास हो जाता है कि वे बंकिम के विचारों से सहमत थे। उनके अनुसार - ''बंकिम की स्वदेश-प्रीति के आदर्श में किसी प्रकार की संकीर्णता नहीं थी। अगर होती तो वे निष्काम कर्मयोग की प्रतिष्ठा नहीं कर सकते। ''आनन्द मठ'' में उन्होंने देश को महाविष्णु

या नारायण के रूप में स्थापित किया है। ''आनन्द मठ'' स्वदेश प्रीति और स्वाभिमान जगाता है। परन्तु इसके साथ-साथ यह उपन्यास यह भी स्पष्ट करता है कि स्वदेश-प्रीति विश्व-प्रीति है एवं विश्व कल्याण कामना से विच्छिन्न होने पर इस कार्य में सफलता कभी भी नहीं मिल सकती। इस तथ्य को बड़ी कुशलता से संन्यासी प्रचार कर गये हैं। विपिनपाल की ''आनन्द मठ'' के प्रति भक्तिभावना को देखने पर उनकी देशप्रीति का प्रमाण मिलता है। इसी का प्रमाण उनके ''भारतमाता'' नामक नाटक में है। इसे ''राष्ट्रीय जागरण का प्रतीक'' कहा जा सकता है। उनके 'भारतमाता'' नामक नाटक में उस समय के भारतवासियों की दयनीय स्थिति का वर्णन बड़े स्पष्ट शब्दों में किया गया है। यह नाटक उस समय के देश-प्रेमियों के लिए एक प्रेरणास्रोत था।

(10) शरत चन्द्र चटर्जी (1876-1932) ने भागलपुर में अपने लेखन की शुरुआत की। उनकी अनेक कहानियों का आधार यहीं पर तैयार हुआ था जैसे, चन्द्रनाथ, देवदास आदि। उनकी ''बड़ी दीदी'' नामक कहानी उस समय की विशिष्ट पत्रिका ''भारती'' में प्रकाशित होने पर शरत चन्द्र दुगुने उत्साह के साथ साहित्य कर्म में प्रवृत्त हुए। बर्मा में रहते समय उन्होनें वहां की राजनैतिक अवस्था का चित्रण अपने उपन्यासों में किया। अन्याय तथा समाज के विभिन्न वर्गो का स्पष्ट चित्रण हमें उनके उपन्यासों में मिलता है।

1924 में शरत चन्द्र ने एक छोटे प्रबन्ध की रचना की थी जिसका शीर्षक उन्होंने, ''देश सेवा'' रखा था। इस प्रबन्ध में उन्होंने लिखी है कि देशभक्ति के लिए आदर्श गुण होने चाहिए तथा समाज में नारी भी पुरुष के साथ-साथ इस कर्म में प्रवृत्त नहीं हुई तो देश का उत्थान सम्भव नहीं है।

ऐसे अनेक कवि हैं जिन्होंने अपनी ओजपूर्ण रचनाओं के द्वारा बंगला साहित्य को गरिमा प्रदान की है। कवियों का मूल स्वर देश प्रेम था। विपिनपाल और ब्रजेन्द्र नाथ की लेखनी ने जनता की सुप्त चेतना को जागृत किया है। रवीन्द्रनाथ और शरत चन्द्र की कविता की वाणी चारों दिशाओं में गूंजने लगी । बंगाल के कवि, गायक और गीतकारों ने राष्ट्रीय गीतों और रचनाओं से बंगवासियों के रक्त में अंगारे भर दिये। केवल काव्य रचना से नहीं, बल्कि कर्म से, त्याग से विद्रोह करने के लिए श्री अरविन्द का अभिर्भाव हुआ। इस विप्लव के सहायतार्थ स्वामी विवेकानन्द की मानस कन्या विदुषी ''भगिनी निवेदिता'' आई। वह रवीन्द्रनाथ की लोकमाता थी। इनसे श्री अरविन्द को सहायता मिली। श्री अरविंद की सहायता की वारिन घोष, जतीन्द्र बन्दोपाध्याय आदि प्रमुख नेताओं ने। बंगाल इन नेताओं के नारों तथा कवियों के राष्ट्र-प्रेम के गीतों से गूंजने लगा।

''हे वीर कर उन्नत तवे सिर।''

संग्राम की बहती हुई इस धारा के साथ 1921 से महात्मा गांधी के अहिंसा युद्ध की एक और धारा बहने लगी। इन दोनों धाराओं ने मिलकर बंगाल के रचनाकारों के तन-मन में एक ऐसी भावना जगा दी जिससे वे ''नव भारत निर्माण'' का स्वप्न देखने लगे।

11

मराठी कविता

भारतीय स्वतंत्रता आदोलन की अपनी कुछ निजी विशेषताएं हैं। वैसे तो प्रत्येक देश के स्वतंत्रता आंदोलन की अपनी निजी विशेषताएं होती हैं, परन्तु ये निजी विशेषताएं भविष्य में चलकर ''वैश्विक'' नहीं बन पाती। प्रांरभ से अन्त तक वे निजी ही रहती हैं। परन्तु भारतीय स्वतंत्रता आंदोलन से जो मूल्य उभरे, साम्राज्यवादी तथा आयामी शोषण के साथ संघर्ष छेड़ने के लिए जिन-जिन ''साधनों'' की खोज यहां की गई उन्हें आगे चलकर संपूर्ण विश्व के गुलाम देशों ने, पददलितों ने, शोषितों ने अपनाया और आज भी वे साधन या मूल्य उतने ही महत्वपूर्ण माने जा रहे हैं। भारतीय स्वतंत्रता-आंदोलन की यह सबसे बड़ी उपलब्धि है। ''सत्याग्रह'', ''असहयोग'', ''अहिंसा'' के साथ-साथ ''बंधुता'', ''सहयोग'' और ''स्वेदशी'' की जो मूल्य-कल्पना उन दिनों उभरी वह आज भी उतनी ही महत्वपूर्ण मानी जा रही है। एशिया तथा अफ्रीका के अविकसित और विकासशील देश आज भी इन्हीं मूल्यों को लेकर आगे बढ़ने में गौरव का अनुभव कर रहे हैं। यह सब कुछ हुआ गांधी जी के तेजस्वी और दूरदृष्टि से परिपूर्ण व्यक्तित्व के कारण। उनके व्यक्तित्व और कर्तव्य का प्रभाव विश्व भर के चिंतकों पर पड़ा। अनेक यातनाओं से घिरे मनुष्य को यातनामुक्त करने के लिए जो प्रतिबद्ध हैं, वे महात्मा गांधी जी की विचारधारा से अप्रभावित रह नहीं सकते। मनुष्य को यातनामुक्त देखने की कामना करने वाले लोग अत्यधिक संवेदनशील और उदार वृत्ति के होते हैं। सच्चा साहित्यकार भी इस प्रकार का स्वप्न देखता रहता है। इस कारण इस बात की

खोज बहुत जरूरी है कि भारतीय भाषाओं के साहित्यकार स्वतंत्रता आंदोलन में महात्मा गांधी के व्यक्तित्व से किस स्तर पर और कैसे प्रभावित थे या अनुप्रासंगिक थे। इस काल के भारतीय चितंक, पत्रकारिता तथा अभिव्यक्ति के अन्य माध्यम भी (संगीत, चित्र, लोकगीत इत्यादि) स्वतंत्रता आंदोलन से प्रेरित हैं। इसके ढेरों प्रमाण मिलते हैं। परन्तु इस बात की भारत की विभिन्न भाषाओं की अभिव्यक्ति का स्वरूप क्या था-इसका अध्ययन बहुत कम हुआ है।

इस पूरे विषय को मराठी भाषा और साहित्य तक सीमित कर देखने का यहां प्रयत्न किया जा रहा है। पहले ही इस बात को स्पष्ट कर दूं कि - 1950ई. के पूर्व तक की मराठी कविता का मुख्य स्वर रोमांटिक रहा है। मराठी कविता में आधुनिकता की दृष्टि का बीजारोपण श्री केशवसुत (1866-1905) द्वारा हुआ था। केशवसुत मौलिक प्रतिभा के कवि थे। सन् 1875 से 1905 ईस्वी तक के तीस वर्षों में इनकी केवल 132 कविताएं प्रकाशित हुई। केशवसुत अमर हुए सामाजिक चेतना की कविताओं के कारण ही। तुतारी (बिगुल) नवा सिपाही (नया सिपाही) इनकी ओजस्वी कविताएं हैं। सन् 1875 से 1905 तक के काल में इस तरह की प्रखर सामाजिक कविताएं हिन्दी में नहीं मिलती हैं। 'तुतारी' कविता में वे कहते हैं- ''मुझे एक ऐसा बिगुल ला दो जिससे मैं सारी जनता को जागृत कर दूं। सभी ओर एक नयी चेतना फैला दूं।'' तो दूसरी ओर ''नया सिपाही'' में वे जाति, धर्म आदि सभी बंधनों को लांघकर मनुष्य को मनुष्य के रूप में स्थापित करना चाहते हैं। इनकी अधिकांश कविताओं में अन्याय, अत्याचार और गुलामी के प्रति विद्रोह का भाव है। मानवतावादी दृष्टि का आग्रह है। केशवसुत (कृष्णाजी केशव दामले) के पास एक निश्चित सामाजिक दृष्टि थी। अपनी कविताओं में वे रूढ़िग्रस्त वर्णव्यवस्था पर तथा आर्थिक विषमता पर कठोर प्रहार करते हैं। मराठी काव्य साहित्य में इस प्रकार की सामाजिक चेतना संत साहित्य में मिलती है। संत साहित्य का उत्स अध्यात्म रहा है, तो केशवसुत की दृष्टि का उत्स प्रस्थापित समाज व्यवस्था। सामाजिक आशय की कविताओं के अलावा उनकी प्रेम विषयक तथा

रहस्यवादी कविताएं भी मिलती हैं। जिस प्रकार की प्रखर राष्ट्रीयता तिलक और गांधीयुग में उभरी उसका अभाव केशवसुत कालीन कविता की सीमा है।

1885 से 1920 तक मराठी में जो कविता उभरी उसमें राष्ट्रीयता का अभाव है। विषय, शैली और भाषा की दृष्टि से उसमें विविधता अवश्य है। गोविंदाग्रज (राम गनेश गड़बड़ी 1885-1919), नेन्दूरेड नारायण वामन तिलक (1862-1919), विनायक (1872-1909), बालकवि (त्र्यंबक बापूजी बेंबरे 1890-1912) इस काल के अन्य प्रमुख कवि हैं। इनमें विनायक जी की कविताएं विशेष उल्लेखनीय हैं।

सन् 1857 के विद्रोह की असफलता के बाद अंग्रेज इस देश को पूर्णतः गुलाम बना चुके थे। इस गुलामी के प्रति आक्रोश का स्वर संभवतः पहली बार विनायक की कविताओं में व्यक्त हुआ है। विनायक जनार्दन करेदीकर धुलिया के निवासी थे। इनके शब्दों से गुलामी के प्रति तिरस्कार उमड़ आता है। परन्तु इनके राष्ट्रवाद की सीमा इनकी हिंदुत्ववादी मनोवृत्ति में है। आलोचकों ने इन्हें ''तत्कालीन जनता का वाचस्पति'' कहा है। अपनी कविताओं में उन्होंने देश के महान पूर्वजों के वैभव तथा वीरत्व का चित्रण किया है। पूर्वजों के वैभव का चित्रण कर वे वर्तमान गुलामी में तड़प रही जनता को स्वतंत्रता की प्रेरणा देना चाह रहे थे। इनकी कविता का स्वर हिन्दी कवि श्री मैथिलीशरण जी की कविताओं से अधिक मिलता-जुलता है। परन्तु जो ओजिस्विता इनकी कविताओं में है, उसका प्रभाव गुप्त जी की कविताओं में है। इन्होंने प्रेमपूर्ण ''पोवाडे'' ''कवन'' (कथात्मक कविता) भी लिखें है। इनके काव्य की एक सीमा ''उपदेशात्मकता की अधिकता है। सामाजिक चेतना की क्रांतिकारी अभिव्यक्ति भी यहां नहीं है। इनका राष्ट्रवाद हिन्दुओं तक सीमित है। बावजूद इन सीमाओं के यह स्वीकार करना पड़ता है कि मराठी राष्ट्रीय कविता के वे जन्मदाता हैं।

नारायण मुरलीधर गुप्ते (1872-1947) कवि ''बी'' तथा कवि दत्त (दमात्रय कोंडो घाटे 1875-1890), एकनाथ पाडुरंग रैंदाकर इस काल के अन्य कवि हैं। ''बी'' की कविता अत्यधिक चिंतन प्रधान है। दत्त की कुछ कविताएं स्वतंत्रता की

भावना से जुड़ी हुई हैं। श्री केदारकर की कविताओं में अशरीरी प्रेम की अभिव्यक्ति हुई है।

इस प्रकार 1885-1920 की मराठी कविता में विषय की वैविध्यता है, राष्ट्रवादी कविताओं के संकेत हैं।

सन् 1885-1920 तक की मराठी कविता का संक्षिप्त परिचय कर लेने के बाद जब इसके परवर्ती काव्य के अंतःस्वर को तलाशने लगते हैं तब यह स्पष्ट हो जाता है कि बाद की कविता न केशवसुत की परंमरा को आगे बढ़ा सकती है और न विनायक की कविता के वृत्त को विस्तुत कर सकती है। कम से कम 1920 से 1935 तक की मराठी कविता का यह बहुत बड़ा तीखा सच है कि एक आश्यर्चजनक समानता इस काल की मराठी और हिन्दी कविता में दृष्टिगोचर होती है। इस काल की हिन्दी कविता अपनी समसामयिकता से दूर प्रकृति और रहस्य में खो जाती है। 1920 से 1935 तक का कालखंड हिन्दी काव्य के इतिहास में "छायावादी" नाम से जाना जाता है तो इसी काल की मराठी कविता "रविकिरण मंडल की कविता के रूप में अपनी पहचान बना लेती है।

केशवसुत, गोविंदाग्रज, तोबे, चन्द्रशेखर आदि कवियों ने कविता को एक सामाजिक दृष्टि दी थी। पूर्वजों के वैभव की ओजस्वी कविताओं द्वारा कवि विनायक गुलामी के खिलाफ जनमानस तैयार कर रहे थे। परंतु इस काव्य परपंरा का निर्वाह बाद के कवि कर नहीं सके। सन् 1923 में पुणे में कुछ संवेदनशील युवक इकट्ठे हुए। पारंपरिक मराठी कविता से अपना मतभेद स्पष्ट करते हुए उन्होंने एक काव्यमंडल की स्थापना उस शहर में की और उसे नाम दिया रविकिरण मंडल। इसके स्थायी सदस्य थे–माधव ज्यूलियन (मा.गां. पटवर्धन), गिरीश (शं. के. कानिटकर), यशवंत (य. दि. पेंढारकर), श्री बा. राणाडे, श्रीमती मनोरमाबाई राणाडे, ग.त्रयं. माडरवीसकर, द.ल., गोखले, तथा दिवाकर (शं. का. गर्गे)। सन् 1923 में "किरण-नामक पत्रिका का प्रकाशन मंडल ने शुरू किया।

रविकिरण मंडल ने काव्य-साहित्य में सामान्य विषयों तथा सामान्य अनुभूतियों को महत्वपूर्ण स्थान दिया। विशेषतः प्रेम की बड़ी ही खुलकर चर्चा ये लोग अपनी

कविताओं में करते रहे। केशवसुत की सामाजिक कविता के स्थान पर वैयक्तिक तथा प्रेमप्रधान रचनाओं को इन्होंने महत्वपूर्ण माना। प्रकृति चित्रण भी इनकी विशेष प्रवृत्ति रही है।

श्री माधव ज्युलियन प्रेम कवि के रूप में प्रसिद्ध हुए। उर्दू के ग़जल छंद को वे मराठी में ले आये। इनकी तुलना में गिरीश की कविता बहुआयामी है। सामाजिक चेतना की सरस-सुंदर अभिव्यक्ति इनकी विशेषता है। श्री यशवंत कवि सम्मेलनों के कवि रहे हैं। इनके विषय बहुत ही स्थूल और अभिव्यक्ति सामान्य स्तर की है। कविता को ये जनसामान्य तक ले गए।

मंडल के ये तीन प्रतिनिधि कवि तत्कालीन रसिकों में अत्यधिक लोकप्रिय हुए। इनकी कविताओं का अनुकरण शुरू हुआ। महाराष्ट्र के विभिन्न भागों में ''काव्य मंडलों'' की स्थापना हुई। हिन्दी में इस समय छायावाद का जोर था। परंतु छायावाद के साथ इस कविता की तुलना हो नहीं सकती। क्योंकि छायावाद तो सूक्ष्म सौंदर्य के भव्य और उदात्त कल्पनाओं से भरा हुआ है। उसमें रहस्यवादिता भी है। मंडल का काव्य स्थूल तथा सामान्य अनुभूतियों का है।

एक ओर शुद्ध भाषा, सरल तथा सपाट अनुभूति, काव्य के प्रति जनसामान्य में रुचि पैदा करना 'रविकिरण मंडल' की उपलब्धियां हैं तो दूसरी ओर समसामयिक परिस्थितियों से पलायन। यह उसकी सबसे बड़ी सीमा है। यह कितनी विचित्र बात है कि रविकिरण मंडल के युग (सन् 1920 से 1945) में महाराष्ट्र तथा सारे देश में एक बहुत बड़ी राजनीतिक और सामाजिक उथल-पुथल हो रही थी। इसी काल में महात्मा गांधी अपने असहयोग आंदोलन को जनसामान्य तक ले जा रहे थे, इसी काल में महाराष्ट्र में डा. कयासाईब मोवेडवर जी के नेतृत्व में लाखों दलित वर्ण व्यवस्था की क्रूर प्रथाओं के विरोध मे संघर्ष कर रहे थे, इसी काल में श्री साबरकर हिंदुओं की सड़ी-गली प्रथाओं के विरोध में जेहाद छेड़ रहे थे। हजारों की संख्या में लोग जेलों में जा रहे थे। क्रांतिकारी दस्तों से मिलकर अंग्रेजों को हैरान कर रहे थे। कितना तेजस्वी काल था यह! परंतु मंडल के कवि इन सब बातों से बेखबर हो प्रेम के गीत गा रहे थे। यह प्रेम कहीं अशरीरी था तो कहीं शरीरी भी। ठीक

छायावादी कवियों की तरह। अंतर इतना था कि छायावादी कवि प्रकृति सौंदर्य में खो गये थे तो मंडल के कवि किसी काल्पनिक प्रेम में। मंडल के कवि शुद्ध कलावादी थे। वे चाहते तो जनसामान्य के मन में अंग्रेजी सत्ता के प्रति चिढ़ पैदा कर सकते थे। परंतु इस ऐतिहासिक दायित्व को वे निभा नहीं सके।

हिंदी में जिस प्रकार छायावादी कवियों की घोर वैयक्तिकता से नाराज होकर रामधारी सिंह "दिनकर" की ओजस्वी कविता प्रकट हुई, ठीक उसी प्रकार मराठी में स्वांतत्र्यवीर सावरकर की वाणी प्रस्फुटित हुई। श्री सावरकर जी की हिंदुत्ववादी विचारधारा से चाहे कितने ही मतभेद क्यों हो, परंतु स्वतंत्रता से संबंधित उत्कृष्ट गीत लिखने का श्रेय उन्हें चला जाता है। "स्वतंत्रते भगवति" नामक उनका गीत आज घर-घर में सुना जाता है। यह गीत आशय, भाषा, शिल्प, छंद और गेयता सभी दृष्टियों से अप्रतिम है।

'रविकिरण मंडल' के बाहर कुछ कवि काव्य-सर्जन में सक्रिय थे। इनमें श्री चंद्रशेखर (1871-1937), भास्कर रामचंद्र गंबे (1874-1941) महत्वपूर्ण हैं। कवि के रूप में इन दोनों कवियों की अपनी उपलब्धियां हैं। पर इनकी कविताओं में भी राष्ट्रीय भावना का व स्वतंत्रता की महानता के गुणगान का अभाव ही है।

सन् 1935 से 1945 तक का काव्य

रविकिरण मंडल की काव्य प्रवृत्ति से मराठी काव्य-साहित्य में जो स्थिति-शीलता आई थी, उसे कवि अनिल, कुसुमाग्रज और वा. ना. कांत ने समाप्त कर दिया।

अनिल (आत्मराम रानजी देशपांडे-सन् 1901-1978) की इस काल में चार रचनाएं प्राप्त हैं। फुलवात (1932), भग्नमूर्ति (1940) निर्वासित चीनी मुलास (1943) और पेर्तेन्हा (1947)। इनके प्रथम काव्य-संग्रह पर पूर्ववर्ती कविता का प्रभाव स्पष्ट है। "भग्नमूर्ति" में इनकी मौलिक प्रतिभा के दर्शन होते हैं। यह काव्य पूर्णतः समाज अभिमुख है। कवि ने भग्न मंदिर के बहाने राष्ट्र, समाज तथा व्यक्ति का चित्रण किया है। इस खंडकाव्य में प्रदत्त मानवतावादी भावना की जो

गांधीयुग को देन है, अभिव्यक्ति हुई है। यथार्थ एवं आदर्श का इसमें सुंदर समन्वय हुआ है।

तीसरे काव्य संग्रह - निर्वासित चीनी मुलास-में कवि की दृष्टि अधिक व्यापक और मानवतावादी हो गई है। यह कविता पूंजीवादी राक्षसी संस्कृति के विरुद्ध पाठकों के मन में आक्रोश पैदा करती है।

जिस प्रकार हिन्दी में मुक्त छंद का आरंभ इसी कालखंड में निराला द्वारा किया गया, ठीक उसी प्रकार मराठी में मुक्तछंद की शुरुआत कवि अनिल से होती है। मुक्तछंद का प्रयोग उन्होंने पहली बार अपने चौथे संग्रह ''पेर्ते न्हा'' (सृजनशील बनो) में किया। उस समय की प्रसिद्ध उर्दू कविता ''अभी तो मैं जवान हूं'' के आधार पर उन्होंने ''अजून मोवनात मी'' नामक अमर कविता का सृजन किया। उर्दू कविता से केवल आरंभिक पंक्ति में ही साम्य है। जीवन के प्रति प्रकट अभिलाषा तथा प्रगतिशीलता इनकी कविता के दो प्रधान लक्षण हैं। कवि अनिल की सबसे बड़ी उपलब्धि यह है कि उन्होंने रविकिरण मंडल की काव्य परंपरा के संकुचित, आत्मकेंद्रीत तथा व्यक्तिवादी घेरे को तोड़कर उसके स्थान पर सामाजिक चेतना की कविता को स्थापित किया।

कुसुमाग्रज (वि.वि. गिरनाइकर) के काव्य का बाहूय रूप रविकिरण मंडल की तरह है । परंतु कविता का आंतरिक रूप केशवसुत की परंपरा में आता है। 1933 में इनका पहला काव्य संग्रह ''जीवन-लहरी'' आया। इस संग्रह की कविताओं का वातावरण स्वप्नमय, रम्य तथा अद्भुत है। 1942 में इनका दूसरा काव्य-संग्रह ''विशाखा'' नाम से प्रकाशित हुआ। उनकी कवित्व शक्ति का परम उत्कर्ष इसमें मिलता है। स्वतंत्रता आंदोलन से संबंधित कई उत्कृष्ट कविताएं भी आपने लिखी हैं। मेजयुग इनकी कविताएं की विशेष शक्ति है। इसी कारण इन्हें ''यज्ञ संप्रदानी'' तथा ''प्रकाश पूजन कवि'' का गया है।

श्री कुसुमाग्रज तथा अनिल ये दो ही ऐसे कवि हैं जिनके काव्य में समसामयिक परिस्थितियों में जीवन की अभिव्यक्ति हुई है। सन् 1936 से 1946 के बीच जितनी

भी प्रमुख राजनीतिक घटनाएं हुई, उनकी सूक्ष्म अभिव्यक्ति इन दोनों की कविताओं में हुई है। काव्य के अलावा कुसुमाग्रज ने नाट्यलेखन भी किया। उनके अप्रतिम नाटकों ने मराठी रंगमंच को समृद्ध किया। 1988 में भारतीय भाषाओं के सर्वश्रेष्ठ साहित्यकार के रूप में ''ज्ञानपीठ पुरस्कार' देकर ज्ञानपीठ संस्था ने उनका सम्मान किया।

अनिल तथा कुसुमाग्रज की तुलना में वा. ना. कांत (मृत्यु 1991) की कविता अधिक उग्र तथा क्रांति तत्व से भरी हुई है। अनिल मूलतः मानवतावादी कवि रहे हैं। कुसुमाग्रज की कविता में रौद्रता है, साथ ही वहां कल्पना का दिव्य-भव्य व्यापार है, शब्द माधुर्य है। परंतु कांत की कविता इन दोनों से अलग शुद्ध रौद्र रस से परिपूर्ण है। पहारतारा (प्रातःकाल का तारा-1930), कथकार (1933), रुद्रवीणा (1940) इनके तीन महत्वपूर्ण काव्य संग्रह हैं। इन तीनों संग्रहों में कवि ने भारतीयों का संबोधन किया है कि अब वे जाग जाएं तथा अपना तीसरा नेत्र खोल दें। कवि को विश्वास है कि तीसरे नेत्र के खुलने पर ही स्वतंत्रता मिल सकती है। वे स्वतंत्रता की अग्नि को प्रज्वलित करना चाहते हैं। समाज, धर्म तथा व्यक्ति-व्यक्ति के भीतरी संबंधों में वे एक वैज्ञानिक छवि के विकास का आग्रह करते हैं। सनातनी विचारों पर किए गए कठोर प्रहार के कारण ही इनकी कविता ''मूर्तिभंजक'' कहलाई। रुद्रवीणा की कविताओं में जबरदस्त भाव है। ये कविताएं रक्त तथा अश्रु से भरी पड़ी हैं। रक्त के प्रति जो आकर्षण इनकी कविताओं में मिलता है वह कुछ सीमा तक कृत्रिम है, ऐसा आरोप भी कुछ समीक्षकों ने किया है।

बा. मा. बोरकर (बालहाण भगवंत बोरकर) इस काल के एक अन्य प्रतिभा संपन्न कवि हैं। बोरकर व्यक्तिवादी कवि हैं। नाद-माधुर्य, लालित्यपूर्ण शब्दावाली तथा सूक्ष्म सौंदर्य के कारण इनकी कविता रसिक मन को हठात् आकृष्ट कर लेती है। सामाजिक चेतना के स्पर्श के कारण इनकी कविता जीवन के निकट चली जाती है। प्रतिमा (1930), जीवन संगीत (1938) दूध सागर (1947) इस काल के इनके काव्य संग्रह हैं। इन कविताओं में गांधीवादी चेतना की अभिव्यक्ति नहीं के बराबर है।

1885 से 1945 तक की मराठी काव्य-यात्रा के इस संक्षिप्त सिंहावलोकन से स्पष्ट है कि इस काल की मराठी कविता विषय, भाषा तथा शैली की दृष्टि से वैविध्यपूर्ण भले ही रही हों, परन्तु समसामयिकता की अभिव्यक्ति उसमें बहुत कम हुई है। विशेषतः भारतीय स्वतंत्रता संग्राम जैसे जीवंत विषय की इन कवियों ने उपेक्षा ही की है। जिन कवियों ने स्वतंत्रता की आराधना की है, उनका स्वर अधिक तीखा, ओजपूर्ण तथा रक्त की क्रांति की ओर उन्मुख है। इन कवियों की तुलना कवि ''दिनकर'' के साथ की जा सकती है। महात्मा गांधी जिन मूल्यों का आग्रह कर रहे थे, उसकी अभिव्यक्ति इन कविताओं में नहीं हो पाई है। ये कवि युवा थे, इन्हें गांधीवादी दर्शन रास नहीं आया, ऐसा स्पष्टीकरण इसे देना चाहें तो इसी महराष्ट्र के हजारों युवा इस काल में गांधी दर्शन की ओर उन्मुख हुए थे, इसे भी भुलाया नहीं जा सकता। यूं, हिंदी की इस काल की कविता में भी गांधी-दर्शन अथवा स्वतंत्रता संग्राम की अभिव्यक्ति कितनी कुछ हुई है? वहां के कवि भी अपनी समसामयिकता की अभिव्यक्ति से बच ही गए हैं।

इस काल की मराठी कविता के अंतःस्वर में वैविध्यता है। सस्ते भावुक रोमांटिक प्रेमगीत इन दिनों यहां लिखे जा रहे थे, रहस्यवादी कविताओं की अभिव्यक्ति हो रही थी तो रौद्र रस की कविताएं भी। वास्तव में किसी भी काल की किसी भी भाषा की कविता का ''एक स्वर'' अपवादात्मक रूप में ही होता है। जहां अभिव्यक्ति की पूर्ण स्वतंत्रता होगी, वहां वैविध्यता तो होगी ही। पर बावजूद इसके यह प्रश्न शेष है ही कि अपने काल के प्रति कवि किस सीमा तक प्रतिबद्ध रहता है या उसे रहना चाहिए। या तो वह अपने काल से परे जाकर नये मूल्यों की तलाश करें, तत्कालीन मूल्यों की विसंगतियों को स्पष्ट करें या उन पर प्रहार करे। केशवसुत भी एक ऐसे अपवादात्मक कवि थे जो नयी मूल्यव्यवस्था का अवगाहन कर रहे थे। अन्य कवि अपने कल्पनाजगत के बाहर नहीं आ पाए। मराठी का मूल स्वर कलावादी और रूपवादी रहा है। कविता काल्पनिक और रोमांटिक विश्व में ही वह अधिक रमती रही है। आधुनिक मराठी कविता के जन्मदाता केशवसुत ने उसे एक क्रांतिकारी दृष्टि देने की कोशिश की। परंतु बाद के कवि इस दृष्टि को

विकसित नहीं कर सके। कविता फिर अपने व्यक्तिवादी कक्ष में बंदिस्त हो गई। कुसुमाग्रज तथा वा.ना कांत की रौद्ररस वाली कविता शब्द माधुर्य और ओजस्विता में खो जाती है। समसामयिक परिस्थितियों का कलात्मक और सूक्ष्म आविष्कार इस काल में ही नहीं हो पाया। प्रस्थापित व्यवस्था, व्यवस्था की क्रूरता, राजनीतिक दांवपेच, अस्तित्व और अस्मिता की सुरक्षा के लिए आम आदमी का संघर्ष, अन्याय और अत्याचार के प्रति सहज मानवीय प्रहार - इन सबसे मराठी कविता हमेशा दूर भागती रही है। शायद इसकी प्रतिक्रिया में ही यहां ''दलित-कविता'' का विस्फोट हुआ।

12

मलयालम कविता

अंग्रेजों की नृशंस शासन सत्ता से भारत माता की मुक्ति के महान यज्ञ में देश के नवयुवकों, नेताओं और साहित्यकारों की महत्वपूर्ण भूमिका रही है। इस मुक्ति यज्ञ का प्रारंभ सन् 1857 के प्रथम स्वतंत्रता-संग्राम के साथ हुआ था, पर उसका राष्ट्र-स्तरीय व्यापक रूप भारतीय राजनीति में महात्मा गांधी का प्रवेश एवं सत्याग्रह आन्दोलन के फलस्वरूप देखने में आया। गांधीजी और उनका सत्याग्रह आन्दोलन भारतीय जनता द्वारा सर्वात्मना स्वीकृत हुए कि स्वतंत्रता-संग्राम में नया उन्मेष एवं उत्साह स्फुरित हुआ और इस राष्ट्रीय चेतना की प्रतिध्वनि भारतीय साहित्य में मुखरित होने लगी। कांग्रेस ने अपने नागपुर अधिवेशन में असहयोग को अपनी नीति स्वीकार की तो भारतीय साहित्य में राष्ट्रीय एवं देश प्रेम की कविताएं अधिक मात्रा में लिखी जाने लगीं।

भारत के सुदूर दक्षिण में सह्याद्रि की गोद में पलने वाली भार्गवराम की मानस पुत्री केरल के भूमि पर्वत पर अशान्त वातावरण तथा सेना-संचालन का प्रभाव तुरन्त नहीं पड़ा, क्योंकि अन्य भागों की अपेक्षा यहां की प्रबुद्ध जनता सामाजिक नवोत्थान के कार्यों में अधिक तत्पर थी। ब्राह्मणाधिपत्य एवं वर्णाश्रम व्यवस्था के विकराल पंजों में सामान्य जनता दबायी जा रही थी। सामाजिक व्यवस्था अधर्म पर आधारित थी। अस्पृश्यता एवं जातिभेद अपना भयानक रूप दर्शा रहा था। पाठशालाओं में असवर्णों का प्रवेश निषिद्ध था। मंदिरों के आसपास असवर्णों को भटकने नहीं दिया जाता था। तभी इन सामाजिक कुरीतियों,

विसंगतियसों का विरोध करते हुए चट्टम्पि स्वामी तथा श्रीनारायण गुरु ने समाज का नेतृत्व अपने हाथ में लिया और उन्होंने गांधीजी से पूर्व ही एक स्वर में अछूतों, पतितों के उद्धार की वकालत की। उत्तर भारत में ब्रह्मानंद स्वामी इसी स्वर को मुखरित कर रहे थे। श्री नारायण गुरु ने एक जाति, एक धर्म और एक ईश्वर का उद्घोष कर सामाजिक वैषम्य को पाटने का प्रयास किया।

बीसवीं शती के प्रांरभ में ही नेशनल कांग्रेस के कार्य-कलापों के प्रति केरलीय जनता में आकर्षण पैदा होता गया। प्रथम विश्व युद्ध के दिनों मलाबार में कांग्रेस का प्रभाव बढ़ता गया। एनी बेसन्ट के ''होमरुल'' का यहां दिल से स्वागत हुआ। सन् 1920 तक यहां कांग्रेस ने जड़ें जमा लीं। पर दो घटनाओं ने महात्मा गांधी को केरल की राजनीति से संबद्ध किया-सन् 1921 में मलाबार का ''माप्पिळ लहळा'' (मुस्लिम दंगे) तथा 1925 में संपन्न वैक्कम सत्याग्रह। महात्मा गांधी ने 25 अप्रैल, 1921 को एक वर्ष के भीतर भारत की स्वराज्य-प्राप्ति की घोषणा की और उसी दिन केरल के ओट्टपालम् में प्रथम खिलाफत सम्मेलन का आयोजन हुआ। केरलीय जनता के लिए खिलाफत आन्दोलन मलाबार के मुस्लिम दंगे से संबद्ध है। उसे ''माप्पिळ लहळा'' का नाम इसलिए दिया कि उसमें भाग लेने वाले अधिकतर लोग मुसलमान थे। वास्तव में दक्षिण मलाबार के कृषक वर्ग में स्वतंत्रता की भावना प्रबल होती जा रही थी। उसने जगह-जगह खिलाफत समिति तथा कांग्रेस समिति की स्थापना करके अंग्रेज सरकार के विरुद्ध जन-आंदोलन संगठित किया था। अंग्रेज-साम्राज्य विरोधी तत्वों को किसी भी हालत में निर्दयतापूर्वक दबाने में जिला शासक वर्ग कटिबद्ध था। उन्होंने घर-घर में विद्रोहियों की तलाशी ली और पुक्काट्टु खिलाफत समिति के सचिव की तलाशी लेने के लिए मस्जिद में प्रविष्ट अंग्रेज अफसरों का मुलसमानों ने डटकर सामना किया और मस्जिद गिरा देने का दुष्प्रचार करके मुसलमान जनता में धार्मिक भावना उद्बुद्ध की। जमींदारों तथा रईसों से पद-दलित एवं आतंकित मुसलमान पहले से क्षुब्ध थे। उन्होंने सायुध युद्ध किया, जिसमें ढाई सौ से अधिक संघर्षकारी मारे गये। जनता के आक्रोश से त्रस्त सरकार ने कांग्रेस तथा खिलाफत आंदोलन के नेताओं का दक्षिण मलाबार में प्रवेश

रोक दिया। पर आर्य समाज ने पीड़ितों की सहायता की। और महान् भूमिका निभायी। इस संघर्ष को हिन्दू-मुस्लिम संघर्ष का रंग देकर सरकार तथा अंग्रेज इतिहासकार अपना स्वार्थ सिद्ध करना चाहते थे। वास्तव में इस संघर्ष में खिलाफत आन्दोलन वाले एक थे और दूसरी ओर सरकार, पुलिस, सेना और सरकार को विद्रोहियों की सूचना देते रहने वाले रईस-हिन्दू तथा मुसलमान थे। इस संघर्ष को रोकने हेतु प्रयत्नशील कांग्रेस कार्यकर्त्ता केलप्पन, नारायण मेनोन, माधवन नायर, मोक्तु मौलबी, अब्दुल रहिमान, मोषिकुन्नन्तु ब्रहमदत्तन नंपूतिरी आदि गिरफ्तार हुए तो नेतृत्वहीन यह संघर्ष असफल हुआ। सरकार की कूटनीति तथा कांग्रेस की अहिंसा नीति के फलस्वरूप यह संघर्ष हिन्दू-मुस्लिम एकता में बाधक बन गया।

सन् 1924 में वैक्कम सत्याग्रह आंरभ हुआ। असवर्णों पर राजपथ से चलने में प्रतिबंध लगाने वाले कानून का केरल कांग्रेस ने विरोध किया। रामस्वामी नायकर, श्रीनिवास अय्यंगार, केलप्पन, के.पी.केशव मेनोन जैसे राष्ट्रीय नेता इस सत्याग्रह में सम्मिलित हुए थे। सन् 1925 में स्वयं गांधीजी वैक्कम आये। 1928 में पय्यनूर में चौथा केरल प्रान्तीय कांग्रेस अधिवेशन हुआ। जिसकी अध्यक्षा पं. जवाहरलाल नेहरु ने की। इस अधिवेशन में पूर्ण स्वतंत्रता की मांग की गयी। 1929 की आर्थिक मंदी तथा पैदावारों के अवमूलन से जनता में रोष बढ़ गया जो कांग्रेस के लिए वरदान सिद्ध हुआ। आगे कांग्रेस ने गांधी जी के नेतृत्व में जो भी कार्य-प्रणाली अपनायी, उसमें केरल ने पूर्ण सहयोग प्रदान किया।

पत्रकारिता के क्षेत्र में स्वदेशाभिमानी के. रामकृष्ण पिल्लै का योगदान स्वतंत्रता संग्राम के इतिहास में अविस्मरणीय है। ''दिल्ली दरबार'' और ''मोहनदास गांधी''– उनकी दो प्रमुख रचनाएं हैं, जिनमें अंग्रेजों के शोषण तथा भारत के सांस्कृतिक पतन की घोर निन्दा की गयी है तथा गांधीजी के उद्यमों की प्रशंसा की गयी है। केरल में समष्टिवाद के वे प्रथम प्रचारक थे।

मलयालम कविता के अन्तःस्वर को समझने में उपर्युक्त भूमिका सहायक होगी। स्वतंत्रता-संग्राम ने भारतीय कवियों को जनता के हृदय में राष्ट्रीय भावना उद्बुद्ध करने की प्रेरणा दी। देशप्रेम, देश के लिए सर्वात्म त्याग, देश की प्राकृतिक

सुषमा के प्रति प्रगाढ़ अनुराग, ऐतिहासिक-सांस्कृतिक वैभव पर गर्व, सुधारवादी दृष्टिकोण आदि राष्ट्रीयता के अंग हैं। राष्ट्रीय सांस्कृतिक कविता की मुख्य प्रवृत्तियों का विश्लेषण करते हुए डा. नगेन्द्र ने लिखा है-"इस कविता की मूल भावना देश-भक्ति है, और देशभक्ति में राग और उत्साह का मिश्रण है। उत्साह उसके राष्ट्रीय स्वरूप का आधार है और राग उसके मानवीय सांस्कृतिक रूप का।"

यह वह समय था जबकि भारतीय राष्ट्रीय जीवन में देशप्रेम और स्वतंत्रता की भावना प्रबल होती जा रही थी। इन कवियों की रचनाओं में भारतीय जन-जीवन की आशा-आकांक्षा प्रतिबिंबित हो उठी। साथ ही भारतीय संस्कृति के विगत वैभव के उद्‌गीथ भी गाये गये। स्वतंत्रता के लिए मर मिटने का आह्वान भरा संदेश भी इनके काव्य में निहित है। मलयालम में भी इस काल में कई मूर्धन्य कवि हुए, जिन्होंने मातृभूमि की मुक्ति के लिए कृतसंकल्प हो अनेक प्रेरणादायिनी कविताएं लिखकर केरलीय जनता में स्वतंत्रता की शंखध्वनि मुखरित की। ऐसे कवियों में कुमारन आशान, वल्लत्तोल नारायण मेनोन, उल्लूर एस. परमेश्वर अय्यर, इडप्पल्लि राघवन पिल्लै, चंगम्पुषा कृष्ण पिल्लै, जी. शंकर कुरूप, वैलोप्पिल्लि श्रीधर मेनोन, रामुण्णि मेनोन, केशवन उण्णिन्तान, वेण्णिक्कुलम गोपाल कुरूप, पी. भास्करन आदि का स्थान अप्रतिम रहा।

महाकवि कुमारन आशान मलयालम में "काल्पनिक प्रस्थान (स्वच्छन्दतावादी काव्य धारा) के उन्नायक एवं प्रवर्तक कवि माने जाते हैं। वे अपने विचारों में स्वच्छन्दतावादी, क्रांतिकारी, सुधारवादी एवं जनवादी कवि हैं। केरलीय समाज में प्रचलित रूढ़िगत जाति-प्रथा के विरोध में सशक्त आवाज उठाकर तथा सामाजिक क्रान्ति का सन्देश देकर वे सच्चे अर्थ में जनवादी कवि हुए। संभवतः आशान के अथक प्रयत्नों का परिणाम है कि भारत भर में केरल ही प्रथम प्रान्त है जहां सन् 1936 में मंदिर में हरिजनों के प्रवेश को वैध घोषित किया गया। आशान के काव्य में मुखरित हरिजनोद्वार व जातिविहीन समाज आदि के स्वर को गांधीजी का प्रभाव नहीं माना जा सकता; क्योंकि गांधीजी के भारतीय राजनीति में सक्रियतापूर्वक उतरने के चार वर्ष के भीतर ही कुमारन आशान का स्वर्गवास हुआ था। अतः

उनके इस सामाजिक नवोत्थान के स्वर को श्री नारायण गुरु तथा तीर्थपाद स्वामी आदि का प्रभाव मानना उचित होगा। दुरवस्था, चण्डाल भिक्षुकी, करुणा, मणिमाला तथा वनमाला आलोच्यकाल में प्रकाशित उनकी रचनाएं हैं। इन सभी में जातिगत एवं सांप्रदायिक परतंत्रता से देश को मुक्त करने हेतु व्यग्र एक कवि की हृद्तंत्री का स्पंदन सुनायी पड़ता है। वे प्रेम के गायक कवि हैं। हिन्दी के छायावादी कवियों के समान आशान भी अतीन्द्रिय प्रेम एवं अलौकिक सौन्दर्य के उपासक हैं। उन्होंने लिखा है-''ध्रुवमिह मांस निबद्धमल्ल रागम्'' (निश्चय ही प्रेम मांसल नहीं होता।) उनके पात्र आत्मत्याग एवं सात्विक भाव से प्रेरित हैं। उनके समस्त प्रेम काव्यों का अन्त सात्विक शान्ति में होता है। वे प्रेम को शक्ति एवं सौन्दर्य के रूप में देखते हैं।

स्वतंत्रता-यज्ञ की सफलता के लिए आशान ने सामाजिक वैषम्य का निवारण करना परमावश्यक समझा था। अतः केरलीय सामाजिक एकता के विघटनकारी तत्व धार्मिक वैमनस्य एवं उच्च-नीच भेद भाव को मिटाने हेतु प्रयत्नशील आशान ने मलाबार के ''माप्पिळ लहळा'' को आधार बना कर अपना ''दुरवस्था'' काव्य लिखा। उसमें मुस्लिम आक्रोश से संभीता तथा अपने स्वजनों, परिजनों से वंचिता एक ब्राह्मण कन्या एक चंडाल चान्तन की कुटिया में शरण लेती है। पर जाति भ्रष्ट हो अपने सगे-संबंधियों से तिरस्कृत होने की आशंका से भयाकुल वह कन्या अपने भविष्य को अंधकारमय पाती है और चंडाल चान्तन से विवाह-सूत्र में आबद्ध हो सुखी जीवन बिताने का संकल्प लेती है। ''चण्डाल भिक्षुकी'' में भी वर्ण-व्यवस्था का उन्मूलन करने का प्रयास है। कड़ी धूप में पैदल चलने से शुष्क कंठ बौद्धभिक्षु आनंद एक चंडाल बालिका के हाथ से जल पीकर अपनी प्यास बुझाते हैं। जब आंनद जल मांगते हैं तब चंडाल बालिका भौचक्की रह जाती है और पूछ बैठती है- ''यह क्या अनर्थ है। क्या आप जाति-प्रथा भूल गये? क्या आर्य लोग नीच नारी के हाथ का जल पी सकेंगे? पानी देने पर मुझे क्या पाप नहीं लगेगा? ''तब आनंद के मुख से जातिप्रथा पर प्रहार करते हुए आशान का कथन है-''हे भगिनी, मैं जाति नहीं पूछ रहा हूं। शुष्क कंठ से पीड़ित मैं प्यास बुझाने हेतु मात्र जल मांग

रहा हूं।'' आनंद से प्रभावित वह कन्या जब बौद्ध संघाराम में पहुंचती है, तब भगवान बुद्ध जाति पर कुठाराघात करते हुए उसे अभयदान देते हैं। इस प्रकार आशान ने जातिप्रथा की सारहीनता एवं निरर्थकता पर पर्याप्त प्रकाश डाला है। आगे आशान का कवि उच्च वर्ग को सावधान करता है कि यह जाति किसी के उत्कर्ष में बाधक नहीं बन सकती। नीच जाति में भी लोकाराध्य नरपुंगवों का जन्म हुआ है, यहां तक कि कई ऋषि-मुनि नीच जन्मा थे। मनुष्य-मनुष्य में खाई खोदती ईर्ष्या-स्वरूपिणी यह जाति प्रथा कृत्या राक्षसी है जो एकता को समूल निगल लेगी। कवि का आक्रोश-भरा आह्वान है कि अंध परंपरा को प्रश्रय देकर निर्मित नियमों को बदल डालो, अन्यथा ये नियम तथा रूढ़ि-रीतियां तुम्हीं को खा डालेंगी।''

माट्टुविन् चट्टटड.ड. ळे स्वयं अल्लंकिल् माट्टुं अवकळी निड्.ड. ळे तन्नतान्।'' मानव को कवि का संदेश है कि विश्व रूपी उद्यान में विभिन्न जाति के पुष्पों को परस्पर मिलने दो, उन्हें प्रेम से सिंचित रखो ताकि यह उद्यान नंदनवन से बढ़कर प्रकाम्य बने। इसका अभिनंदन स्वयं वनमाली भगवान करेगा। ऐसा कोई पुष्प नहीं जो वनमाली को आनंद न देता हो। सारे पुष्प उसी के इच्छानुसार पूर्णत्व को पाकर उसके चरण-सरोज में विलीन होने को तरस रहे हैं। ध्यान रहे कि पुष्प के मार्ग में कोई बाधक न बने-

एल्लां विटर्न्नु परिमळं तूवट्टे-
येल्लां चितरट्टे वर्ण्ण शोभ।
एल्लामितळुकळ् नीट्टि वलिप्पमा-
र्न्नुल्लास भावमियान्निट्टे।

अर्थात भगवान की इच्छा है कि सब पुष्प विकसित हो अपना सौरभ बिखेर दें, अपना रूप-रंग फैला दें, सब अपने दलों को बढ़ाकर पूर्णता से युक्त हो सांनद रह पाएं।

वल्लत्तोल नारायण मेनोन की स्थिति आशान से कुछ भिन्न है। वल्लत्तोल का युग भारत का नव जागरण का युग था। स्वतंत्रता-संग्राम सक्षम चल रहा था तो ब्रिटिश शासन की दमन नीति अपनी चरमसीमा पर थी। एक नव्य राष्ट्र के

निर्माण के स्वप्नदर्शी कवि के लिए यह आवश्यक था कि जनता में नवोन्मेष एवं नव जागरण की शंखध्वनि मुखरित करने का दायित्व स्वयं उठा ले और इसी में वल्लत्तोल की राष्ट्रीयता एवं देशप्रेम की भावना का दर्शन होता है। यहां हिन्दी के महाकवि मैथिलीशरण गुप्त तथा मलयालम के महाकवि वल्लत्तोल में अद्भुत साम्य परिलक्षित होता है। दोनों के इतिवृत्त रामायण-महाभारत के हैं और दोनों ने इन इतिवृत्तों को युगानुरूप परिधान पहना दिया है। दोनों के स्वर राष्ट्रवादी और राष्ट्रीयतावादी थे। दोनों एक नवभारत के शिलान्यास के लिए आकुल-व्याकुल थे। समन्वयवादी गुप्त और वल्लत्तोल जातिविहीन नवराष्ट्र के पुरोधा थे। गुप्त जी ने राम-कृष्ण को अपना चिराराध्य बनाया तो भी हिन्दू-मुस्लिम एकता के स्वप्नद्रष्टा कवि ने ''साकेत'' लिखने के साथ ही साथ ''काबा और कर्बला'' की भी रचना की । वल्लत्तोल ने भी बाइबिल पर आधृत ''मग्दलन मरियम्'' की रचना करके हिन्दू-ईसाई भावना की सुदृढ़ भित्ति की नींव डाली। दोनों ने राम, कृष्ण और अन्य हिन्दू देवताओं के साथ ईसा तथा मोहम्मद के यक्तित्व का भी अनुस्मरण किया। दोनों समाज के उद्धारक थे और दोनों ने स्वतंत्रता का काव्य मुखरित किया। जातिप्रथा, वेश्यावृत्ति जैसे सामाजिक दुराचारों का पर्दाफाश करके जाति-धर्म रहित अखंड राष्ट्रीयता की कल्पना की। मैथिलीशरण ने ''किसान'' खंड काव्य में किसानों की दीन-हीन दशा पर आठ-आठ आंसू बहाये तो मलयालम के कवि वल्लत्तोल भी कुछ अर्थों में श्रमिकों के कवि थे।

धनाढ्यरे, धर्मवषिक्कु निड्.ड.ळ्
काणिक्कु वेक्कुं नरुमुत्तिनेक्काळ्
कूलिप्पणिक्कारिवर तन् वियर्प्पु
तुळ्ळियाणीश्वर नेरे इष्टम्।

हे धनिको, मोती की तुम्हारी पूजा-अर्चना से श्रमिकों के श्रमकण भगवान को अधिक प्रिय लगते हैं।

महाकवि उल्लूर का ''उमा केरलम्'' एक महान् ग्रंथ है। केरल माता कवि की आराध्या देवी है और उसके रूप-सौन्दर्य एवं महिमा की प्रशस्ति गाते वह नहीं अघाता–

नेटिय मल किषक्कुं त्तावि ये क्कुम
वटिविलेलुकमाय तंचिटुं वंचि माते
अटियनितरियिक्कां अब्धि कांचिक्कु नीचे
मुटि नटु विल् विळड्डुं मुख्य माणिक्य रत्नम्।
परम नृपरेयशेष निन् पितावाद साक्षात्
परशुधरमुनीन्द्रन् वेन्नपोलेन्न पोले
पर मिवर परिपालि प्पोरू राज्य त्तेयेल्लाम्
परम सुषभयाळुं नीयुमम्मे जथिप्पू।

(पूर्व में लंबी पर्वतमाला तथा पश्चिम में गहरा सागर दोनों का मानदंड बनकर बीच में शोभित है केरल माता। तुम्हारा यह दास मैं यह बताना चाहूंगा कि तुम सागर की मांग में विराजित मरकत मणि हो। जैसे तुम्हारे पिता परशुधर मुनि ने दूसरे अनेक क्षत्रिय राजाओं को पराजित कर तुम्हारा गौरव बढ़ाया है, वैसे उनसे शासित इस राज्य को तुम विजयी बनाओ। यह ध्यान रहे कि केरलोत्पत्ति संबंधी एक किंवदन्ती के अनुसार परशुराम ने इस भू-भाग की सृष्टि की है और फलतः केरल का एक नाम परशुरामक्षेत्र भी है।)

उल्लूर की राष्ट्रीयता केरल की चहारदीवारी के भीतर आबद्ध नहीं, समस्त भारत को अपनी जन्मभूमि मानते हुए उसके महार्घ संदेश ''तत्वमसि'', ''सर्वं खल्विदं ब्रह्म'' का अनुस्मरण करते हुए कवि की वाणी है–

तत्वमस्यादित वाक्य रत्न महाखने मामक जन्मभूवे
निनक्कु पण्टे परदैव मल्ली गिरीशने पोले पयोधिशायी।
कुन्नेतु निन्निल् कुषियेतु पार्ताल् सर्वं परब्रह्ममय सवित्री।

''जननी जन्म भूमिश्च स्वर्गादपि गरियसी'' के आर्ष मंत्र से भी एक कदम आगे बढ़कर मलयालम कवि उल्लूर भारत भूमि को परब्रह्म स्वरूपिणी मानते हैं; क्योंकि उसमें निम्नोन्नतत्व जो है, वह भी परब्रह्म स्वरूप ही है। उन्नत हिमालय गिरीश शंकर का स्वरूप है तो निम्न पयोधि क्षीरसागरशायी विष्णु का ही स्वरूप है। इस प्रकार जन्मभूमि के विराट् स्वरूप की कल्पना करके उसके प्रति श्रद्धा-स्तवक अर्पित करने वाले उल्लूर की राष्ट्रीयता असंदिग्ध है। उनकी ''चित्रशाला'' पौराणिक आख्यानों के प्रकीर्तनों तथा वर्तमान सामाजिक दुर्दशा पर आक्रोश से भरी पड़ी है। अन्य कवियों के समान गांधी स्तुति में भी, अल्पमात्रा में ही सही, उन्होंने अपनी रुचि दर्शायी है। ''विजय प्रार्थना'' तथा ''चुटक्कळम्'' जैसी कविताओं में गांधीजी के नेतृत्व में भारतीय स्वतंत्रता-संग्राम की विजय की शुभेच्छा तथा गांधीजी के महान् व्यक्तित्व पर अपरिमेय श्रद्धा के स्वर सुनायी देते हैं।

कवित्रय के उपरान्त हमारा ध्यान ''इटप्पल्लि प्रस्थानम्'' के प्रवर्तक राघवन पिल्लै तथा गान गंधर्व चंगम्पुषा कृष्ण पिल्लै की नयी काव्य-सारणी की ओर आकृष्ट होता है। ग्राम्य साहचर्य में पले इन कवियों ने अपने प्रेम-सौन्दर्य तथा तिक्त-मधुर जीवनानुभूतियों से प्रेरित हो अपनी रचनाएं प्रस्तुत कीं। पर अपनी अकाल मृत्यु के कारण राघवन पिल्लै साहित्य की अधिक सेवा नहीं कर पाये। पर प्रेम एवं सौन्दर्य के मादक गीतों से केरलीय जनता के हृदय में शाश्वत प्रतिष्ठा प्राप्त महाकवि चंगम्पुषा इस प्रसंग में विस्मृत नहीं किये जा सकते। उनकी रचनाओं में प्रसाद जी की-सी भावना और कल्पना, पंतजी का-सा काव्य-सौन्दर्य, निराला का-सा दार्शनिक चिन्तन एवं क्रांति -संदेश, महादेवी का-सा दुःखवाद तथा बच्चन का-सा हालावादी भाव स्पष्ट परिलक्षित होते है। इनकी कविता मानवतावाद की दृढ़भित्ति पर आधारित है। गांधीजी के सिद्धान्तों का कविता-रस पूरित राग-विशेष ही श्री चंगम्पुषा है। ''सर्वेसन्तु निरामयाः'' का जो भारतीय आदर्श है, वही उनकी कविता का मूल स्वर है। प्राचीन शिवि तथा रंतिदेव, अनेक कर्मवीरों की जननी कर्मभूमि ने उनकी राष्ट्रीय भावना को उत्तेजित किया। किन्तु उनकी मानसिक कल्पना के प्रतिकूल सामाजिक परिस्थितियों ने उनको क्रान्तिकारी बना दिया तथा

वे मानव-विकास में बाधक सामाजिक बंधनों को तोड़ने के लिए प्रयत्नशील हुए और जनता को कुरीतियों का सामना करने का संदेश दिया। वे एक पीढ़ी के तमाम स्वप्नों को रूप तथा वाणी देने वाले कवि हैं। मिथ्यात्मक संसार, कपटी-दंभी लोगों का जीवन में उत्कर्ष, दीन-दुःखी भाइयों की असहाय दशा पर भी वज्र कठोर मानव-हृदय, बेबसों की आह और कराह, कृषकों की करुण-प्लावित अश्रुधारा–. ये सब चंगम्पुषा के काव्य-विषय बने हैं। सहानुभूति-जन्य सामाजिक बोध उनकी कविता का प्रेरणा-स्रोत रहा है। इस प्रसंग में उनकी ''वाषकुला'' (केले का गुच्छा) कविता स्मरण हो आती है, जिसमें शोषक वर्ग पर करारा व्यंग्य ही नहीं, मनुष्य का रक्त चूस कर भी विलास एवं आमोद-प्रमोद का जीवन बितानेवाले जमींदारों पर कवि का आक्रोश भी बुलन्द हुआ है। साथ ही यही मानवतावादी कवि भारतीय अध्यात्मवाद पर भी शंका प्रकट करता है। ईश्वर का प्रतिरूप कहलाने वाले मानव की रक्त-पिपासा को देख कर ईश्वर के स्वरूप पर भी विचार करने को बाध्य हो जाता है।

तुष्टियार्नीश्वरन् तन् प्रतिरूपमाय्
सृष्टिच्चताणु पोल् मानुषने,
नेराणतेङ्. किलो नूनमदैवत्तिन्
पेरु केट्टाल् मति पेटियावान्!
निस्सारनी नरन् पोलुम्मिट्टोरु
निस्सीम संहार मूर्तियायाल्
शप्तमां तत्सर्गसिद्धिक्कु ताड.ड.ाय
शक्तितन् शक्ति येन्तायिरिक्कुम?

(कहा जाता है कि संतुष्ट चित्त भगवान ने अपने प्रतिरूप में मनुष्य की सृष्टि की। अगर यह कथन सत्य है तो उस भगवान का नाम-श्रवण ही भय उत्पन्न करने को पर्याप्त है। यह तुच्छ मानव ऐसी संहार मूर्ति है तो इस अभिशापित स्वर्ग-सिद्धि के लिए कारण-भूत जो शक्ति है, उसकी क्षमता का क्या अनुमान है?) शोषण पर विकसित संस्कृति की चिता जलाने को कवि तैयार हो जाता है।

अंत में महाकवि चंगम्पुषा मानव के मंगलमय भविष्य में बाधक समस्त सामाजिक विषमताओं का ध्वंस करना चाहते हैं। पापाचरण पर पनपती मानव संस्कृति के प्रति उनकी वितृषा देखते ही बनती है। वेदना-निर्भर वेदान्त-चिन्तन कवि को क्रुद्ध वं प्रतिकारेच्छु बना देता है।

भारतीय ज्ञानपीठ द्वारा पुरस्कृत महाकवि जी. शंकर कुरूप का साहित्याकाश में उदय उन दिनों हुआ जबकि भारतीय स्वतंत्रता-संग्राम को महात्मा गांधी का सफल नेतृत्व प्राप्त हो चुका था तथा महात्मा जी जन-मन के आराध्य बने हुए थे। अन्तर्दाहम् चेंकतिरुकळ् (स्वर्णिमरश्मियां), नवातिथि, इतलुकळ् (पंखुड़ियां), सूर्यकान्ति, पूजा पुष्पम्, विश्वदर्शनम्, ओटक्कुषल् (बांसुरी) आदि तीस से अधिक काव्य-कृतियों से मलयालम की साहित्य-गरिमा बढ़ाने वाले जी.शंकर कुरूप देशप्रेम, मानवतावाद, प्रकृति-सौन्दर्य, रहस्यानुभूति एवं प्रतीक शैली के कारण विशिष्ट स्थान के अधिकारी हैं। असहयोग आन्दोलन एवं गांधी जी के अंहिसा सिद्धांत से प्रेरणा पाकर राष्ट्रीय भावना की जो लहर महाकवि वल्लत्तोल के काव्य में परिव्याप्त थी, उससे प्रभावित कवियों में शंकर कुरूप अग्रगण्य हैं और उनकी काव्य रचना का उषःकाल वही राजनैतिक उथल-पुथल एवं सत्याग्रह आन्दोलन का समय था। गांधी जी के प्रति परम श्रदालु कवि ने उन दिनों ''साहित्य कौतुकम्'' के शीर्षक में प्रकाशित अपने काव्य-संग्रह की एक कविता ''वेल्क वेल्क'' में गांधीजी के अहिंसा सत्याग्रह को ''स्वर्णिम रथ'' की संज्ञा दी है। ''वनगायकन्'' में संग्रहीत अंतिम दो रचनाएं ''इड्. ड. ने विरच्चालो'' (ऐसा कोंपे तो) तथा ''वंदनम् सुभाषचन्द्र'' उनकी राष्ट्रीयता एवं देशप्रेम की परिचायक हैं। भारत की अतीत सांस्कृतिक गरिमा से ओतप्रोत कवि के हृदयोद्‌गार नवयुवकों में देश के लिए आत्मोत्सर्ग की भावना जगाने में शक्तिशाली मंत्र सिद्ध हुए हैं। वैसे ही विश्वयुद्ध के दिनों में विदेशों में पहुंच कर अपना रक्त बहाने वाले भारत के वीर एवं साहसी सैनिकों को श्रद्धांजलि अर्पित करते हुए लिखी गयी उनकी ''रक्तबिन्दु'' कविता में बताया गया है कि समर लालसा से उत्साहित न होते हुए भी लोक-कल्याण हेतु कर्तव्य की पुकार सुनकर गीता के देश के ये सैनिक सागर-पार विदेशों में अपनी जीवन-समिधा चढ़ा

रहे हैं। कवि का विश्वास है कि उन वीरों के बलिदानों से विश्वशान्ति संभव होगी–

गीत तन् राज्यत्तिङ्. कल् निन्नुमी विदूरत्ते-
भूतल नटुक्कटल् करियल् स्वयमेत्ति
जीवित यज्ञं चेयूयुं योद्धाविन् हृदन्तमा-
णी विशिष्ट माणिक्यं विळयुं दिव्याकरम्।

अर्थात गीता के देश से दूर समुद्र-पार स्वयं पहुंचकर जीवन यज्ञ में प्राणाहुति चढ़ाने वाले इन योद्धाओं का हृदय विशिष्ट रत्नों की खान है।

केरल और भारत के नाम-श्रवण मात्र से जी. शंकर कुरूप गौरव का अनुभव करते हैं और भारत के वेदों तथा उपनिषदों के निगूढ़ तत्वचिन्तन को वे मानवमात्र के लिए प्राण-वायु मानते हैं। उन ज्ञान रत्नों का महत्व समझे बिना उनका परिहास करने वाले मूर्खों पर उनका आक्रोश फूफकार उठता है। जी. शंकर कुरूप के कुछ राष्ट्रगीत केरल से संबंधित हैं, कुछ भारत से संबंधित हैं और शेष गांधी स्तोत्र के रूप में प्राप्त हैं। उनमें प्राकृतिक सुषमा से मंडित एवं सांस्कृतिक वैभव से परिपूर्ण राष्ट्रगीत भी हैं। "निरुनावा" तथा "अषिमुखन्तु" शीर्षक कविताओं में वीरप्रसू केरल के सांस्कृतिक वैभव का विस्मरण कर दूसरों की चरण-धूलि पोंछने वाले केरलीयों की हीन दशा पर कवि की हार्दिक सहानुभूति पूर्णतया प्रकट हुई है। शंकर कुरूप पूर्ण गाँधीवादी हैं। गाँधी जी का अहिंसा सिद्धान्त उनकी प्रिय वस्तु है। अहिंसा पर इतना गंभीर चिन्तन करने वाला दूसरा कवि केरल में संभवतः नहीं हुआ है।

"उन्मुखं जयिक्कुन्नु", "वन्दनम् तथागत", "भारतेन्दु" जैसे गीतों में जीवन के धार्मिक मूल्यों पर बल देने वाले एक मानवप्रेमी कवि का दर्शन होता है। कुरूप की राष्ट्रीयता धर्म-संप्रदाय निरपेक्ष है। वे मानव को मानवोचित सदगुणों के साथ देखने के लिए उत्सुक हैं। वे एक राष्ट्रवादी से अधिक विश्व मानवतावादी के रूप में प्रकट होते हैं। मनुष्य को राष्ट्रों, जातियों, वर्गों, भाषाओं के घेरे में विभक्त करने

वाली कृत्रिम खाइयों को पाटकर वे विश्व मानव तथा विश्व-राष्ट्र की कल्पना करते हैं और मानव को मानव-प्रेम का सन्देश देते हैं। चीन तथा इन्डोनेशिया को संदेश देती हुई उनकी दो कविताएं इसी विश्व मानवतावाद का शिलान्यास करती हैं।

शंकर कुरूप का मानवता-प्रेमी कवि-हृदय मानव द्वारा मानव के शोषण की भर्त्सना करता है। यही नहीं, मनुष्य के शोषण पर अधिष्ठित प्राचीनता को नष्ट-भ्रष्ट करने के लिए कवि क्रान्ति का आह्वान करता है। कवि का विश्वास है कि इस प्राचीनता की विनाश-भूमि में ही नवीनता अंकुरित होती है। कवि की क्रान्तिकारी भावना नवीन जीवन-मूल्यों को लेकर है। केरल के ग्राम प्रदेश में जन्मे-पले श्री कुरूप ने सामान्य जनता के भावों को सशक्त वाणी दी है। उन्होंने दलितों के प्रति हार्दिक करुणा ही नहीं प्रकट की, अपितु उनके अधिकारों के लिए आवाज भी उठायी। श्रमिकों व कृषकों के श्रमकण पर अपना उदर भरने वाले मानव-द्रोही धनिकों, कुबेरों के प्रति उनके मन में सद्भावना नहीं रही, वे उन्हें समाज के लिए अभिशाप मानते हैं।

भारतीय प्रकृति की गाढ़ अनुभूति कवि की विशेषता है। प्रकृति कवि के मन में एक गुदगुदी पैदा करती है और उसके रूप-सौन्दर्य पर मुग्ध कवि उसके प्रत्येक कंपन को महत्व देता है। प्रकृति की सुषमा के प्रति रागात्मक तन्मयता कुरूप की कविता की उत्सभूमि है। प्रकृति के प्रति वस्तु में अव्यक्त सत्ता का रूपाभास पाकर उनका हृदय उस ज्योति स्वरूप एवं अमृत स्वरूप का संधान करता है।

इस प्रसंग में पी. भास्करन का योगदान भी महत्वपूर्ण रहा। उनके राष्ट्रीय गीत जनता में नवोन्मेष एवं जागृति उत्पन्न करने में अतीव सफल हुए। उनके ''नवकाहल'' में संग्रहीत ''विजय गान'', ''आह्वान'', ''नम्मुहे भारतम्'' तथा ''मुन्नोटट्ु'' कविताओं में अंग्रेजों की साम्राज्य तृष्णा की घोर निन्दा तथा स्वाधीनता के लिए लड़कर जेल जाने के लिए भारतीयों को आह्वान है। पराधीनता की श्रृंखला तोड़ने तथा मर्दक शासकों के विरुद्ध वीर सेना तैयार करने का संदेश है। उनका ''पताका गीत'' अत्यन्त प्रेरणात्मक रहा। आर्ष भारत की गौरव गाथा ''नम्मुटे भारतम्'' प्रसिद्ध है जो प्रयाण गीत की शैली में लिखी गयी है। प्रसाद कृत ''चन्द्रगुप्त''

नाटक के प्रयाणगीत का स्मरण दिलाने वाला उनका यह गीत केरल भर में गाया जाता रहा। इसमें भारतीयों को भेद-भाव भुलाकर एकात्म भाव से देश तथा देश की ध्वजा के सम्मान हेतु प्राणोत्सर्ग का अमर संदेश निहित है। हिन्दू, मुस्लिम, ईसाई सब भारतीय संतान हैं, परस्पर भ्राता हैं। आर्ष संतान को हथकड़ी-बेड़ी पहने जीवन बिताना शोभा की चीज नहीं। वैसे ही देश की अधोगति, निर्धनता, जमींदारी प्रथा आदि पर भी कवि का आक्रोश प्रकट हुआ है और इस दशा पर विजय पाने का आह्वान भी है।

सन् 1921 और 1945 के मध्य लिखी गयी मलयालम कविता की मुख्य भावधारा का विश्लेषण करने के उपरान्त हम इस निष्कर्ष पर पहुंचते हैं कि अन्य भारतीय कवियों के समान केरल के कवियों ने भी देश के प्रति अपना दायित्व निभाया है। उन्होंने जन-मन में देशप्रेम, सांस्कृतिक गरिमा के प्रति आस्था तथा राष्ट्रीय भावना जगाने का स्तुत्य कार्य किया है। देश की एकता, पारस्परिक मैत्री एवं सर्वधर्म-समन्वय की ओर हमारे कवियों का विशेष ध्यान रहा। मानवतावाद पर अधिष्ठित राष्ट्रवाद मलयालम कविता का अंतः स्वर रहा है।

13

सिंधी कविता

मध्यकाल में भक्ति की लहर के समान 20वीं शताब्दी के प्रथमार्ध में सारे देश में मुक्ति की कामना की लहर बिजली के समान फैल गई थी। देश के एक कोने में स्थित सिंध क्षेत्र में स्वतंत्रता आंदोलन तीव्र हो गया था और मुक्ति की कामना वह्नि को सिंधी कवियों की वाणी ने प्रज्ज्वलित किया था। उस समय कई ऐसे कवियों का उदय होता है जो युगवत् भक्ति भावना व मानवतावादी स्वर बुलन्द करने के साथ राष्ट्रभक्ति का गायन भी करते हैं। बल्कि कवियों ने स्वतंत्रता आंदोलन में सक्रिय भागीदारी लेकर कारावास स्वीकार किया। उनकी रचनाओं में कई नए प्रयोग और नए आयाम परिलक्षित होते हैं।

श्री हूंदराज सुखायन को सिन्ध के राष्ट्र-कवि का गौरव मिला है। वे गांधी जी के आह्वान पर स्वतंत्रता आंदोलन में कूद पड़े। गृहस्थ जीवन को राष्ट्रीय महान स्वार्थ हेतु छोड़ वे यायावरी जीवन को स्वेच्छा से अपना लेते हैं और सिंधु के गांव-गांव की परिक्रमा कर जन मानस में आजादी का मंत्र फूंक देते हैं। सिंध जनता की चेतना को जागृत करने का महान कार्य कर वे राष्ट्रीय कवि का गौरव प्राप्त करते हैं। उनकी प्रत्येक रचना में आध्यात्मिकता, सामाजिकता तथा राष्ट्रीयता का त्रिवेणी संगम हुआ है।

कवि किसन चन्द बेबस, साधु टी. एल. वासवाणी, कवि स्वामी पहिलाज राम, वासमल बजाज, स्वामी शांति प्रकाश महाराज, जीवन दास आहूजा, प्रो. राम पंजवाणी, कवि देवी दास, गोविन्द भाटिया, आचार्य आसन दास वासवाणी, डॉ.

दयाल आशा, गोवर्धन शर्मा, जीवितराम सतपाल, आदि सिंधी कवि स्वतंत्रता आंदोलन के समय अपनी-अपनी रचनाओं द्वारा जहां एक ओर सिंधी साहित्य को समृद्धि की ओर ले जाते हैं तो दूसरी और जनचेतना में सामाजिकता, राष्ट्रीयता तथा सांस्कृतिकता की भावना भी भर देते हैं।

कवि किसन चन्द ''बेबस'' ने हिन्दी के समानांतर परंपरावादी सिंधी कविता को एक नया मोड़ दिया। कविता युगीन चेतना से प्रभावित हो यथार्थ की ओर मुड़ती है। उनकी कविता में अद्‌भुत शक्ति थी, आकर्षण था, जनमानस को राष्ट्रभक्ति की भावना से प्रेरित करने की ऊर्जा थी। सामंतवादी विचारधारा के स्थान पर उनकी कविता झोपड़ी के अंदर मानवता की व आम जनता की तलाश करती है। खेत-खलिहानों में गरीब शोषित, पीड़ित किसानों की त्रासदी से साक्षात्कार करती है। कविता सामान्य जन के निकट पहुंचती है और आदर्शवादिता का नकाब फैंक कर यथार्थ के चित्रण में अपनी सार्थकता मानती है। अंग्रेजों के दमन चक्र का भी मार्मिक वर्णन कवि किसन चन्द ने किया है। वे जन कवि के रूप में सुपरिचित हैं।

साधु टी.एल. वासवाणी सिंध में ''दादा'' के रूप में जाने जाते हैं। वे कबीर के समान संत कवि थे। उनकी भक्ति भावना में दोनों ज्ञान और प्रेम अर्थात साकार और निराकार का समन्वय मिलता है। लेकिन राष्ट्रीय संघर्ष के दौरान उनका स्वर एकाएक बदल जाता है। वे तत्काल लोक मान्य तिलक और गांधी जी के आदर्श से अपने को दीक्षित कर देते हैं। विदेशी वस्तुओं का बहिष्कार करना, अंग्रेज राजतंत्र से सभी क्षेत्रों में असहयोग करना, राष्ट्र की महान सांस्कृतिक परंपरा का स्मरण करना आदि उनके भाषणों, वक्तव्यों तथा रचनाओं के आभिमुख्य बने। स्वयं स्वतंत्रता के अन्यतम सेनानी बने। तिलक और गोखले के समय सिंध में वासवाणी का आंदोलन एक अद्‌भुत घटना थी। सिंध– जैसे पिछड़े क्षेत्र में राष्ट्रीय जागरण पैदा करने का समस्त श्रेय वासवाणी को जाता है। अछूतोद्धार आंदोलन में भी उनका सक्रिय योगदान रहा है। उन्होंने ''सखी सत्संग'' की स्थापना की और

अछूत बालिकाओं को, बहनों को आमंत्रित किया। उन्होंने कहा- "केवल मंदिरों का द्वार उनके लिए खोल देना पर्याप्त नहीं हैं। दिल का द्वार भी खोल दो।"

उनकी रचनाओं में राष्ट्रीयता, सामाजिकता, और आध्यात्मिकता का त्रिवेणी संगम हुआ है। सिंधी साहित्य में "दादा" जी की "नूरी ग्रंथ" एक अनमोल कृति है। दादा जी युग प्रवर्तक कवि माने जाते हैं। परमार्थ पर वे लिखते हैं–

कंचन काया एक है माया
आया गंवाया सब यह छाया
रुपया-पैसा वर्तन-सोना
सभ तज कर एक रोना
साधो, सगल पसारा कूड़े का

कवि पहिलाज राम में विचित्रता यह है कि वे स्वभाव से संत कवि थे। किंतु राष्ट्रीय स्वतंत्रता आंदोलन के समय वर्तमान थे। इसलिए भक्ति परक रचना के अतिरिक्त उन्होंने राष्ट्र-भक्ति की उत्कृष्ट रचनाएं भी की हैं। कृष्ण विलास और कुंवर विलास-ये दो प्रसिद्ध भक्ति काव्य हैं जिनमें रीति काव्य की भी अनेक विशेषताएं मिलती हैं। कवि पहिलाज राम को देश का विभाजन सबसे ज्यादा दुःखदायी होता है। वे गांधी की तरह अखण्ड भारत के चहेता था। इसलिए वे कहते हैं–

कौन कहता है कि हिंद आजाद कर दिया
आजादी के इमदाद ने बरबाद कर दिया
मानो ये माथा हिंद का बेंगाल देश था
जहां इन्कलाब का, जवानों में जोश था
उसका भी माथा काट बरबाद कर दिया
और पेट हिन्द का मानो पंजाब था
जहां गोविन्द सिंह के वीरों का ताव था।

''प्यास की पुकार'', ईश्वर उपासना ''सरल श्लोक'' आदि के रचयिता हैं ठासमल बजाज। एक आर्य समाजी ठासमल सामाजिक संस्कार पर जितनी रुचि रखता है, उतनी ही साहित्य रचना में। जन-जीवन के प्रति अटूट श्रद्धा ने उन्हें उदार, निष्कपट और शुद्ध मानववादी बताया था।

समाज सेवी स्वामी शांति प्रकाश महाराज गांधी जी के आह्वान पर स्वतंत्रता संग्राम पर कूद पड़े। स्वदेशी का प्रचार किया। वे परपीड़ा को स्वपीड़ा समझने लगे। बाढ़ ग्रस्त जनता की सेवा की। महान कर्मयोगी, ब्रह्मविद, दार्शनिक शांति प्रकाश की ''भजन बहार'' लोकप्रिय कृति है। सिंध के राष्ट्रीय कवि ''दुःखायन'' की वाणी से प्रभावित हो उन्होंने मुक्ति का मंत्रगान किया–

जागो भारत की संतान
नवयुग आशाओं को लेकर आया नया विधान
पूरव से उजियारा लेकर निखरे सुनहली भान
रात गई अब हुआ सबेरा, बोले सुबह पुकार
अधिकारों ने ली अंगड़ाई, खुला न्याय दरबार।

कवि जीवन दास आहूजा के साहित्य में भी वह स्वर गूंजता है–

मीठी इस मातृभूमि पै, कटाया सीस सिंधियों ने
भारत माता के चरणों में, झुकाया सीस सिंधियों ने

राष्ट्र और राष्ट्रवाद के प्रवक्ता प्रो. राम पंजवाणी अन्यतम स्वतंत्रता सेनानी थे। राजनैतिक छलछद्म के इस आलोचक के स्वर में सदैव आशा की किरण दीख पड़ती है। वे कभी निराश नहीं हुए। उन्होंने पतनोन्मुख समाज की नियति पर गहरा दर्द व्यक्त किया है। चारों ओर भेद भावना, लूट-खसोट, मिथ्याचार और स्वार्थ का वातावरण देखकर वे कहते हैं कि राजनैतिक लोग इसके लिए जिम्मेदार हैं। लाखों लोग भूख, बीमारी, बेरोजगारी के शिकार हो रहे हैं। स्वार्थी मनुष्य यह भूल गया है कि वह सिर्फ दो रोज का मेहमान है। वे लिखते हैं–

चारों ओर दिखाई देते आंसू से भीगे चेहरे
अलग-अलग नारे सुनकर कान हो जाते बहरे।

उन्होंने राष्ट्रवाद और मानववाद को जीवन का श्रेष्ठ धर्म माना है और अपने दिल में सदैव आशा को संजोया है।

राष्ट्रीयतावादी कविता के महान कवि देवी दास ने काव्य रचना और जनसेवा को अपने जीवन में प्रमुख स्थान दिया था। यद्यपि वे कृष्ण उपासक थे। कृष्ण को लोकनायक के रूप मे स्वीकार करते हुए स्वतंत्रता को भक्ति का प्रसाद मानते थे।

गांधीवाद के प्रबल पक्षधर कवि गोविन्द भाटिया ने जनवाणी को अभिव्यक्ति का माध्यम बनाया और लोकगीत के छन्दों में कविता लिखी। उनके गीतों से राष्ट्रीय भावना का विकास हुआ-

गांव शहर सब भले मिला प्रदेश बना है हिन्दुस्तान
जिसमें राजस्थान के राणा रखते अपना-अपना निशान।

राजस्थान की ऐतिहासिक महत्ता उनके काव्य का उपजीव्य रही। देश के सपूतों की वीरता, साहसिकता आदि का वर्णन करते हुए उन्होंने जन चेतना में जोश भर दिया था।

प्राचार्य आसन दास बासवाणी की देश-भक्ति बेजोड़ है। वे एक निर्भय कवि के रूप में ख्यात थे। उनमें भी ऐतिहासिक गाथा का स्वाभिमान भरा था-

हम हैं भारत के जवान हम हैं वीरों की संतान
हम हैं शेरों से बलवान, आगे बढ़ाना अपनी शान।

डॉ. दयाल आशा ने अपने काव्यों में भारत की महिमा का गौरव गायन किया है। महाकवि प्रसाद के समाज उनकी भावाभिव्यंजना में प्राचीन भारत की सांस्कृतिक महानता को प्रमुखता मिली है। वे अतीत गौरव के अनन्य उपासक थे। देश वंदना में वे गाते हैं–

जय हो, ज्योतिमर्य हो, देश हमारा हिन्दुस्तान
स्वर्णमय हो, मंगलमय हो, भारत वर्ष महान।

गोवर्धन शर्मा घायल, प्रो. जीवितराम सतपाल भी राष्ट्रीय संघर्ष कालीन लोकप्रिय रचनाकार रहे हैं। सतपाल जी ने अपनी अमर कृति ''प्यासी धरती'' में देश प्रेम की सार्थक अभिव्यंजना दी है। वे गांधीजी के सत्य, सत्याग्रह और अंहिसा के अनन्य समर्थक थे। उन्होंने देशवासियों को आत्मदान के लिए आह्वान दिया है।

सिंधी साहित्य और सिंधी जन मानस में दो प्रमुख प्रवृत्तियों का होना स्पष्टतः परिलक्षित होता है। सिंध सीमांत राज्य है और आर्थिक दृष्टि से भी पिछड़ा हुआ। एक ओर कच्छ की रॉन और दूसरी ओर रेगिस्तान। उपजाऊ जमीन का भी अभाव है। केवल माटी का मोह उन्हें अपनी जमीन से चिपके रहने की प्रेरणा देती है। सिंध ने अभाव व अशिक्षा के बावजूद अपनी अस्मिता को बनाए रखा है। भाषिक दृष्टि से समृद्ध होते हुए भी साहित्य इतना समृद्ध नहीं है। यह ध्यान देने की बात है कि जहां जीवन का संघर्ष अधिक होता है वहां मनुष्य कठोर परिश्रमी और संवेदन शील बन जाता है। सिंध क्षेत्र में दो प्रवृत्तियां उजागर दीखती है– 1.परंपरित सामाजिक जीवन के तहत भारतीय सांस्कृतिक जीवन पर आस्था और 2. भारतीय महास्रोत में शामिल होने का प्रबल आग्रह। स्वतंत्रता संग्राम काल की संघर्षपूर्ण स्थिति में उक्त दोनों प्रवृत्तियां मिलती हैं। अनेक जागरुक कवियों का आविर्भाव हुआ है। जो कवि होने के साथ-साथ भक्त भी थे, स्वतंत्रता सेनानी भी थे और जनसेवक भी। उनमें महान नैतिक मूल्यबोध मिलता है। यह जाति सदैव शांतिप्रिय रही है पर नियति की यह विडंबना है कि उन्हें कई प्रतिकूलताओं को झेलना पड़ा है। सिंध की राष्ट्र भक्ति बेजोड़ है। स्वतंत्रता प्रेम अतुलनीय है। इस प्रकार उनके साहित्य में भी भक्ति और मुक्ति का समन्वय हुआ है।

14

हिन्दी कविता

भारत में 19वीं शताब्दी के पहले दशक से नव जागरण का सूत्रपात होता है। राजा राममनोहर राय, स्वामी दयानन्द सरस्वती, महर्षि देवेन्द्रनाथ ठाकुर भारतीय सांस्कृतिक जागरण के प्रवर्तक थे। उनके विचारों में राष्ट्रीयता का अर्थ था, मातृभूमि और मातृभाषा की उन्नति के लिए त्याग, सेवा, बलिदान, सत्य, अहिंसा आदि महान् व्रत का पालन करना है। वे लोग सामाजिक उत्थान के लिए तत्पर थे। दासता उन्हें अतिशय व्यथित करती थी। भारतेन्दु जैसे जागरुक कवि ने महात्माओं के विचारों को काव्य-कविताओं में सर्वप्रथम अभिव्यक्त किया। उन्होंने ''भारत दुर्दशा'' की रचना की। वे लिखते हैं–

अंग्रेज राज सुख साज सजे सब भारी
पै धन विदेश चलि जात इहै अति ख्वारी
ताहू वै मंहगी काल रोग विस्तारी
दिन-दिन देत दुख दूने ईस हा हारी।

हरिश्चन्द्र जी ने इस प्रकार अंग्रेज राज का यथार्थ वर्णन करते हुए सामान्य जनता का ध्यान आकृष्ट किया था। कविता सदैव कवि की अंतरात्मा का उद्गार होती है। कवि यथार्थ की कभी उपेक्षा नहीं करता। समकालीन जीवन की यथातथ्यता को कविता के माध्यम से अभिव्यक्त करना प्रत्येक कवि का धर्म होता है। भारतेन्दु ने ईमानदारी के साथ अपने कवि कर्म का निर्वाह किया था। उनके साहित्य में युगीन जीवन का स्पन्दन है। समकालीन जीवन चित्र के द्वारा जन

मानस में जागरण पैदा करना भारतेन्दु मंडल के कवियों का उद्देश्य था। इस प्रकार की राष्ट्रीय भावना प्रताप नारायण मिश्र की कविताओं में भी मिलती है। तात्पर्य यह है कि इसी पृष्ठभूमि पर हिन्दी राष्ट्रीयतावादी काव्यधारा का विकास हुआ।

सन् 1914 में यूरोप में प्रथम विश्व युद्ध का आरंभ हुआ। उस युद्ध में भारत ने अंग्रेज सरकार की सहायता की। किन्तु युद्ध की समाप्ति के बाद देश को उसकी सहायता से कोई लाभ नहीं हुआ। उन्हीं दिनों ऐतिहासिक रुसी क्रांति भी सफल हो गई। एक ओर प्रथम विश्व युद्ध में भागीदारी से निराशा और दूसरी ओर रुसी क्रांति की सफलता से आशा का संचार भारतीय जन मानस को अंतर्द्वन्द्व की स्थिति में पहुंचा देता है। भारतीय राष्ट्रीयता का जन्म उक्त अंतर्द्वन्द्व से हुआ है। मान्यवर तिलक और गोखले ने ''स्वतंत्रता हमारा जन्मसिद्ध अधिकार है'' का नारा लगाया। भारतीय जनगण की चेतना में स्वतंत्रता के लिए नव जागरण पैदा हो गया। अंग्रेजों ने दमन चक्र चलाना शुरु कर दिया और जलियाना वाला बाग का हत्याकांड जैसा नर सहांर किया गया। उसके पश्चात् सारा देश राष्ट्रीय आंदोलन में कूद पड़ा। गांधी जी ने दक्षिण अफ्रीका से लौट कर प्रत्यक्ष संग्राम चलाया। गांधी जी के नेतृत्व में राष्ट्रीय आंदोलन राजनैतिक स्वतंत्रता के लिए ही नहीं था, अपितु सामाजिक, सांस्कृतिक स्वतंत्रता जनगण को अभीष्ट थी। प्रस्तुत पृष्ठभूमि पर हिन्दी राष्ट्रीयतावादी काव्य धारा का विकास हुआ।

देशप्राणता व्यक्ति चेतना का अंग है। मातृभूमि के प्रति मानव चेतना का सहज लगाव तीन प्रमुख कारणों से वाधित होता है -1. परवशता 2. अनादर और 3. यातना। अंग्रेजों ने भारतीयों को अपना दास समझा। भारतीय कला, संस्कृति और साहित्य का अनादर किया। आर्थिक शारीरिक तथा मानसिक यातनाएं दी। फलतः ग्लानिबोध से पीड़ित भारतीय कवि इसलिए परोक्ष अभिव्यक्ति के लिए छटपटाने लगा कि उसकी वाक् स्वतंत्रता भी समाप्त कर दी गई थी। भारतेन्दु के ''भारत दुर्दशा'' नाटक में परतंत्रता की अंतर्व्यथा की तीन प्रमुख अभिव्यक्तियाँ हैं-निराशा, ग्लानिबोध और बेबसी। देशप्राणता के प्रस्तुत विंदुओं को परवर्ती काल में राष्ट्रकवि मैथिली शरण गुप्त जी ने ''भारत भारती'' में रेखांकित किया।

अतएंव हिन्दी काव्य साहित्य में राष्ट्रीयतावादी चिंतन का एक पड़ाव भारतेन्दु साहित्य है तो दूसरा महत्वपूर्ण पड़ाव ''भारत भारती'' है।

''भारत भारती'' राष्ट्रकवि के स्वदेशी बोध की काव्यकृति न होकर सांस्कृतिक बोध का महाकाव्य है। मैथिली शरण जी को केवल भारतेन्दुजी के काव्य से नहीं, बल्कि पं. नाथुराम शर्मा, श्रीधर पाठक, मुंशी अजमेरी के काव्यों से भी प्रेरणा मिली थी। किंतु इन कवियों में व्यापक सांस्कृतिक चिंतन के संकेत नहीं मिलते। राष्ट्रकवि ने ''भारत भारती'' को देश के अतीत, वर्तमान और भविष्य, इस प्रकार तीन खण्डों में विभाजित कर शैली की दृष्टि से भी महाकाव्यात्मक स्वरूप प्रदान किया है। अंग्रेजों के प्रशासन से व्यथित हो वे सहज ढंग से कहते हैं-''हम क्या थे, क्या हो गए।'' उनके मानस में भारत माता की भावना मूर्त हो गई थी। इसलिए वे गाते हैं–

मानस भवन में आर्य जन जिसकी उतारें आरती
भगवान भारत वर्ष में गूंजे हमारी भारती

राष्ट्रीयता के लिए केवल राष्ट्रमाता की वंदना करना पर्याप्त नहीं है। राष्ट्र की सेवा करना उसका क्रियात्मक पक्ष है। अतीत के प्रकरण में राष्ट्रकवि ने जनगण को भारत की सांस्कृतिक गरिमा से अवहित कराया है। वर्तमान के प्रकरण में देश की सामाजिक, आर्थिक, राजनैतिक दुर्दशा की ओर ध्यान खींचा है और भविष्य प्रकरण में कर्तव्य का आग्रह किया है। गांधी जी का रचनात्मक कार्यक्रम उनके लिए आदर्श कर्तव्य था। गांधी का अनुसरण कर उन्होंने सामाजिक मुक्ति पर बल दिया था। उन्होंने विधवा विवाह, बाल विवाह का निषेध, दहजे प्रथा का उन्मूलन, नारी-शिक्षा का प्रचलन, आदि पर बल दिया हैं। तात्पर्य यह है कि देश की समस्त समस्याएं ''भारत भारती'' के काव्य कथ्य है–

प्रतिवर्ष विधवा जन की संख्या निंरतर बढ़ रही
रोता कभी आकाश है फटती कभी हिल कर मही
हा! देख सकता कौन ऐसे दग्ध कारी दाह को
फिर भी हम नहीं छोड़ते हैं बाल्य-वृद्ध-विवाह को।

प्रस्तुत शताब्दी के प्रारंभिक पांच दशक स्वाधीनता आंदोलन के राष्ट्रीय नारों से मुखरित काल खण्ड है। ''वन्दे मातरम्'' की ध्वजा फहराते हुए ''कामा गाटा मारु'' जहाज कनाडा के तट पर पहुंचा । सन् 1916 में कांग्रेस की होमरुल की मांग ब्रिटिश सरकार द्वारा ठुकरा दी गई। सन् 1917 ई. में ऐसे राष्ट्रीय संकट के समय श्रीधर पाठक का ''जय जय प्यारा भारत देश, जय जय प्यारा जग से न्यारा'' गीत बहुत ही लोकप्रिय रहा।

यह लक्ष्य करने की बात है कि ज्यों-ज्यों राष्ट्रीय स्वतंत्रता आंदोलन तीव्र होता चला, त्यों-त्यों राजनैतिक घटनाएं घटित होती गईं और अंग्रेजों का दमन चक्र कठोर हो गया। आश्चर्य की बात है कि सारे देश में अद्भुत जन जागरण देखा गया। सभी वर्ग के लोग प्रत्यक्ष या परोक्ष ढंग से शामिल हो गए। किसान, मजदूर, नौकर-पेशा, व्यापारी, विद्यार्थी आदि सबके प्राणों में राष्ट्रीय चेतना का उदय हुआ। आपसी भेद-भावना समाप्त हो गई। जाति, वर्ण, धर्म, सम्प्रदाय आदि संकीर्णता के बदले हर एक ने अपनी भारत. माता की मुक्ति के लिए दृढ़ संकल्प किया। राष्ट्रगीत लिखने के लिए कवि प्राणों में भाव संवेदना का संचार हुआ। जलियाना वाला बाग के नृशंस हत्याकाण्ड की घटना पर सैंकड़ों मर्म सपर्शी कविताएं लिखी गईं। अमृतसर के नरहत्या काण्ड से भारतीय डरे नहीं, बल्कि लाखों लोग शहीद बनने के लिए तैयार हो गए थे। सरकार ने रौलट एक्ट लागू कर दिया, पर किसी ने उसकी परवाह नहीं की। प्रसिद्ध देश प्रेमी कवि लिखते हैं-

मुंह बंदी का हार लिए
मत लिखो काव्य कंकण धरे
भारत रक्षा के शूलों की
पांवों में बेड़ी झनकारे।
हथियार लो कि हथकड़ियां

राष्ट्रकवि मैथिलीशरण गुप्त के समकालीन माखनलाल चतुर्वेदी जी ने ''एक भारतीय आत्मा'' के नाम से रचना की। राष्ट्रकवि ने ''किसान'' काव्य लिखा। तत्कालीन आर्थिक शोषण का चित्र ''किसान'' में मिल जाता है–

बनता है दिन-रात हमारा रुधिर पसीना
जाता है सर्वस्व सूद में फिर भी हीना
हा-हा खाना और सर्वदा आंसू पीना
नहीं चाहिए नाथ, हमें अब ऐसा जीना।

प्रतीकात्मक काव्य संरचना में चतुर्वेदी जी की काव्य कुशलता ''फूल की चाह'' कविता से प्रमाणित हो गई। फूल राष्ट्र-प्रेमी नागरिक का प्रतीक है। वह कहता है–

मुझे तोड़ लेना वनमाली। उस पथ पर तुम देना फेंक
मातृभूमि पर शीश चढ़ाने जिस पर जावें वीर अनेक।

राष्ट्रीयता में आत्मबलिदान की कामना चरम बिंदु है। अंग्रेज सिपाही की गोली से भुनकर शहीद हो जाने की कामना अगणित भारतीय जनता के मन में जन्मित होते देख कर सरकारी तंत्र भी परेशान हो गया था। अंग्रेजों की अवधारणा थी कि भारतीयों में राष्ट्रीयता का अभाव है, एकता का अभाव है। यह धारणा इसलिए बनी थी कि भारत की प्रभुसत्ता छीनते समय अंग्रेजों को कड़े विरोध का सामना करना नहीं पड़ा था। किन्तु असहयोग आंदोलन के समय अंग्रेजों को भारतीय आत्मा का सही परिचय मिला।

कई कवियों ने वर्णनापरक यथार्थ वादी रचनाएं भी की। ज्ञान सिंह वर्मा की काव्य शैली से यह प्रमाणित होता है–

वतन के वास्ते बस जान घुला देंगे हम
गले को शासन की फांसी पे झूला देंगे हम।

इस प्रकार सरल, सुबोध पद्य शायद इसलिए लिखे गए थे कि कविता गण अर्थात सामान्य जनता के लिए अभिप्रेत थी। सामान्य जनता को काव्य की अपेक्षा न थी, वे तो विचार चाहते थे। गद्य शैली की तुलना में पद्य शैली अधिक प्रभावी होती है। संभवतः इसलिए संवदेनशील अनेक कवियों का उदय हुआ था।

हिन्दी राष्ट्रीयतादवादी काव्य साहित्य को कई वर्गों में रखा जा सकता है कथ्य की दृष्टि से - (क) संस्कृति प्रधान (ख) घटना प्रधान (ग) संस्कार प्रधान (घ) विवरण प्रधान।

संस्कृति प्रधान काव्यों में महान कवियों ने अन्योक्ति व प्रतीकात्मक शैली में देश की ऐतिहासिक, सांस्कृतिक महानता का काव्यात्मक वर्णन किया है और देशवासियों को राष्ट्रप्रेम से अनुप्राणित किया है। इस कोटि के कवियों में प्रसाद अग्रगण्य माने जा सकते हैं। उनकी ''भारत वर्ष'' कविता उल्लेखनीय है। एक छोटी-सी कविता में देश की सांस्कृतिक गरिमा का चमत्कारी वर्णन हुआ है। यह कविता अपने आप में एक महाकाव्य है। कवि ने गागर में सागर भर दिया है। यह एक उत्कृष्ट सांस्कृतिक कविता है। ''चन्द्रगुप्त'' नाटक में दूसरी सांस्कृतिक कविता वीर रसात्मक है जिसमें भारतीय सैनिक की आत्मा निहित है–

हिमाद्रि तुंग श्रृंग से प्रबुद्ध शुद्ध भारती
स्वयं प्रभा समुज्ज्वला स्वतंत्रता पुकारती
अमर्त्य वीर पुत्र हो, दृढ़ प्रतिज्ञ सोच लो
प्रशस्त पुण्य पंथ है, बढ़े चलो, बढ़े चलो।

संभवतः स्वतंत्रता आंदोलन के दौरान हिन्दी में लिखी गई राष्ट्रीयतावादी कविताओं में यह श्रेष्ठ रचना है। सांस्कृतिक राष्ट्रवादी काव्य रचना का प्रारंभ राष्ट्रकवि की कलम से हुआ था और उसको चमर सीमा तक पहुंचाया था कवि जयशंकर प्रसाद ने।

हिन्दी में दूसरे वर्ग की अर्थात घटना प्रधान राष्ट्रप्रेम कविता की संख्या बहुत है। संघर्ष काल में जलियानावाला बाग, चौरी-चौरा, रौलट एक्ट, साइमन कमिशन आदि घटनाएं एवं उसकी प्रतिक्रियाओं पर आधारित रचनाएं घटना प्रधान है।

नेहरु ने इसको छोड़ दिया
मालवीय ने नाता तोड़ दिया
पहुंचे जो कहीं यह चरण
यह होंगे लाटों तक
यह चौंक-चौंक कर खेलेंगे
कौंसिल में उल्लू बोलेंगे

जहां तक संस्कार प्रधान कविताओं का प्रश्न है, उनमें सामाजिक रूढ़ि, अंध-विश्वास, अतिचार आदि पर प्रहार और व्यंग है। राजनैतिक आंदोलन के समानांतर गांधी जी ने सामाजिक कुसंस्कारों के उन्मूलन हेतु रचनात्मक कार्यक्रम भी चलाया था जो देश के लिए हितकर हुआ था। गांधी जी के विचारों में सर्व धर्म समन्वय की सबसे बड़ी आवश्यकता थी। वे जानते थे कि धार्मिक खाई को बिना पाटे देश में एकता लाना संभव नहीं है और एकता के बिना स्वतंत्रता मिल नहीं सकती। ''ईश्वर अल्लाह तेरे नाम सबको सन्मति दे भगवान'' जैसी भगवद प्रार्थना भी राष्ट्रीयतावादी कविता है जिसके तहत प्रमुख तथा सुधारवादी भावना है।

विवरण प्रधान काव्य भी बहुत लिखे गए थे। इस कोटि की कविताएं किसी एक घटना का यर्थाथवादी विवरण प्रस्तुत करते हुए जन-जन क़ो वीरोचिर्त कार्य की विवरणी प्रदान करती है जो दोनों स्फूट रचना और खण्ड काव्य शैलियों में प्राप्त हैं। ऐसे काव्यों का स्थायी भाव उत्साह है। इसमें संकल्प, शपथ, पौरुष, त्याग, बलिदान आदि ने प्रमुख भूमिका निभाई है। मानवीय उदात्त प्रवृत्ति के विकास हेतु इस तरह के काव्यों ने अपने को उपयोगी सिद्ध किया है। सन् 1930 में गांधी ने नमक सत्याग्रह किया था जिसे दांडी यात्रा भी कहा जाता है। यह एक ऐतिहासिक जन जागरण यात्रा थी और नमक कानून तोड़कर गांधी जी जेल गए। सारे देश में गांधी जी का अनुकरण करते हुए लाखों लोगों ने अपनी-अपनी गिरफ्तारी दी। कवि सोहनलाल द्विवेदी लिखते हैं-

बन गया समर का क्षेत्र वही
जिस स्थल बापू के चरण पड़े
जुड़ गई सभा नर-नारी की

भारत स्वतंत्र करने का प्रण
है यही, यही, रण-मोक्ष-द्वार

आगे वे लिखते हैं कि जनता के कण्ठ से अटल प्रतिज्ञा गूंज उठी कि या तो देश स्वतंत्र होगा या तो शरीर शव बन कर सागर की तरंगों में लहराएगा। यह

प्रतिज्ञा जनगण की बातों-बातों में, पेड़-पौधों के पत्तों में भी गूंज उठी। लवण के कुछ कणों के प्रताप से अंग्रेज के साम्राज्य सागर का बांध टूट गया-

नव युग का शुभ आंरभ हुआ कुछ नए नमक के टुकड़ों पर
आजादी का इतिहास लिखा, दांडी के कंकड़ पत्थरों पर।

देशभक्त वीरों को तत्काल प्रोत्साहित करने वाले अनेक तेवरों में कवि राम प्रसाद बिस्मिल का नाम प्रसिद्ध है। उनकी कविता चिनगारी बरसाती है।

सर फरोसी की तमन्ना
अब हमारे दिल में है।
देखना है जोर कितना
बाजू-ए-कातिल में है।

जब ''विस्मिल'' जी को गोरखपुर जेल में फांसी के तख्ते पर चढ़ाया गया तो उसने मालिक से इतना ही कहा था–

मालिक तेरी रजा रहे और तू ही तू रहे
बाकी न मैं रहूं मेरी आरजू रहे।

एक तथ्य तो यह है कि आजादी के अनेक दीवाने स्वयं कवि थे। उनकी दोयम भूमिका थी, विद्रोही की एवं कवि की। इसलिए उनकी रचनाओं में सहानुभूति का जीवंत वर्णन है। द्विवेदी मंडल के ऐसे अनेक कवि भी मिलते हैं जिनका स्वतंत्रता सेनानियों के साथ अंतरंग संबंध था। स्वामी नारायणानन्द ''अख्तर'' और विस्मिल जी में अभिन्न मित्रता थी। तत्कालीन मतवाले देश-प्रेमी कवियों में अभिराम शर्मा, अशफाक उल्ला खां, विश्वंभर नाथ ''भार्गव'' आदि चिर स्मरणीय हैं जिन्होंने समर्पित भावना से स्वतंत्रता की लड़ाई लड़ी थी और काव्य साधना भी की थी। बालकृष्ण शर्मा ''नवीन'' और सुभद्रा कुमारी चौहान ने तो माखनलाल चतुर्वेदी की तरह मधुशाला को बलिशाला का रूप दिया था। इन्हीं कवियों ने ही चतुर्दिक क्रांति की ज्वाला कविता के माध्यम से फैलाई थी । ''प्रयाण गीत'' में सोहन लाल द्विवेदी जी ने गाया–

उठो, बढ़ो आगे, स्वतंत्रता का स्वागत सम्मान करो
वीर सिपाही बन करके बलिवेदी पर प्रस्थान करो।

क्रांति की अमर प्रेरणा झांसी की रानी लक्ष्मी बाई के महत्वपूर्ण रण कौशल और साहसिक पराक्रम को सुभद्रा कुमारी चौहान ने इतनी ओजस्विता के साथ प्रस्तुत किया कि आज भी श्रोता का खून खौल उठता है। उन्होंने इतिहास को साकारत्व प्रदान कर दिया और युगीन जीवन के लहू में आग लगा दी–

चमक उठी सन् सत्तावन में वह तलवार पुरानी थी
बुंदेले हर बोलों के मुंह, हमने सुनी कहानी थी
खूब लड़ी मर्दानी वह तो झांसी वाली रानी थी।

सुभद्रा जी की कविता में भारत माता की साकार कल्पना है। उन्होंने ''आ रही हिमालय से पुकार प्राची, पश्चिम, भू, नभ, अपार, हे उदधि गरजता बार-बार'' जैसी रचना में भले ही भौगोलिक चित्रण है, उससे बढ़कर शरीर को रोमांचित कर देने वाला, प्राणों में हर्षोल्लास भर देने वाला आह्वान है। इसमें जहां एक ओर जननी जन्मभूमिश्च स्वर्गादपि गरियसी'' का रामायणी भाव समाया हुआ है, दूसरी ओर ममत्व का आकर्षण है। ऐसा प्रतीत होता है कि स्वतंत्रता आंदोलन न छिड़ता तो शायद ही ऐसी उत्कृष्ट देश प्रीति की कविता कोई विद्रोहिणी लिखती। तात्पर्य यह है कि स्वतंत्रता संग्राम उत्कृष्ट काव्य रचना का प्रेरणा स्रोत भी था।

उसी प्रकार चतुर्वेदी जी की ''कैदी और कोकिल'' काव्य है जिसमें कैदी की अंतर्कथा और अंतर्पीड़ा है। कैदी कदापि अपने को अपराधी नहीं मानता है। कारा को अपना आराम गृह मानता है। वह कभी म्रियमाण नहीं होता। वह स्वाभिमानी है और कारावास को वह अपना गौरव समझता है।

संघर्ष कालीन हिन्दी साहित्य के दो महान मूल्य हैं–असहयोग और आत्म बलिदान। गांधी सिद्धांतवादी जन नायक नहीं थे, वे थे प्रयोगवादी। उनका प्रभाव जन-चेतना पर और हिन्दी काव्य साहित्य पर पड़ा था। अतः तत्कालीन साहित्य में उक्त दोनों राष्ट्रीय मूल्यों का विस्तृत वर्णन है। माखन लाल चतुर्वेदी, सोहन लाल द्विवेदी, सुभद्रा कुमारी, बालकृष्ण शर्मा ''नवीन'' आदि सभी राष्ट्रीयतावादी

कवियों के काव्यों में इन दोनों का बार-बार उल्लेख मिलता है। ये लोग तन, मन तथा प्राणों से देश माता को समर्पित व्यक्तित्व थे और उनके प्रत्येक उद्गार में आत्म बलिदान की वाणी थी। इनकी भाषा भी ओजस्वी और मर्मस्पर्शी थी। ''नवीन'' जी कहते हैं-

अरे सुलगने दो बलिवेदी
चढ़ने दो बलि जीवन की।

संघर्ष काल के काव्य-साहित्य की प्रमुख प्रवृत्तियों को रेखांकित किया जाए तो वे होगी–साहसिकता, क्रांति कामना, सहनशीलता, सहकारिता आदि। वीर और श्रृंगार मे प्रवृत्यात्मक समरसता मानवीय आचरण में देखी जाती है। जहां उत्साह है, वहां रति या लगन है। जहां लगन है वहां उत्साह है। प्राचीन और मध्यकालीन काव्य संचेतना में इसके अनेक उदाहरण हैं। प्रस्तुत शताब्दी के स्वतंत्रता संग्राम की अवधि में भी उत्साह से साहसिकता तथा वीरता की प्रवृत्ति काव्य तत्व रही है। स्वतंत्रता को देवी के रूप में कल्पना की गई थी और देवी के लिए ''स्व''' का बलिदान करना आवश्यक समझा गया था। क्रांतिकारी चिंतन तथा भक्ति में समर्पण भावना अपेक्षित है। संघर्षकालीन साहित्य में उक्त समस्त प्रवृत्तियां सर्वत्र उपलब्ध होती हैं।

समकालीन युगीन प्रवृत्तियों से रचनाकार अलग नहीं रह सकता है। संघर्षकाल में अर्थात् सन् 1920-22 से ही हिन्दी साहित्य में छायावादी आंदोलन का सूत्रपात हुआ था यथार्थ जीवन से छायावादी कवियों ने पलायन कर स्वप्न लोक में विचरण किया था। स्वानुभूति की अभिव्यक्ति के बहाने अन्योक्ति का सहारा लेकर यथार्थ की उपेक्षा की थी। उनके लिए काव्यलोक ही सब कुछ था। किन्तु देखा जाता है कि छायावादी कविगण भी राष्ट्रीय चेतना से उद्बुद्ध हो उठे और युगीन प्रवृत्ति के प्रभाव से रचना करने लगे। जब सारा का सारा भारतीय समाज मुक्ति के लिए आंदोलित हो उठा है, छायावादी कवि कल्पना लोक में कैसे रह सकते थे? कवि तो जागरुक प्राणी होता है। ''चन्द्रगुप्त'' नाटक में, भले ही ऐतिहासिक कथा

प्रसंग में क्यों न हो प्रसाद जी ने उत्कृष्ठ राष्ट्रीयतावादी कविता संयोजित की। ''निराला'' जी ने भी ''आह्वान'' कविता लिखकर प्रलय का आवाहन किया-

एक बार और बस नाच तू श्यामा
सामान सभी तैयार
कितने ही असुर चाहिए, कितने ही हार?
कर मेखला मुण्ड-मालाओं से बन-बन अभिरामा।

यह निराला जी की स्वातंत्र्य चेतना की सच्ची अभिव्यक्ति है। ''राम की शक्ति पूजा'' संघर्ष का काव्य है। आसुरी शक्ति पर देव शक्ति की विजय स्वतंत्रता आंदोलन को ही द्योतित करती है। कवि पंत जी की लेखनी भी मुखर हो जाती है-

बापू तुमने सुन आत्मा का तेज राशि आह्वान
हँस उठते हैं रोम हर्ष से पुलकित होते प्राण
नव संस्कृति के दूत देवताओं का करने कार्य
आत्मा के उद्धार के लिए आए तुम अनिवार्य।

हिन्दी का राष्ट्रीयतावादी काव्य सदैव आशावादी है। उसमें आत्मविश्वास, देशाभिमान, अक्रोध, जिजीविषा आदि भाव भरे पड़े हैं। आशा की स्निन्ध किरण क्रांति पथ को आलोकित करती थी, आत्मविश्वास आगे बढ़ने के लिए शक्ति देता था और देशाभिमान दंभ का तथा जिजीविषा अमरत्व का संदेश देते थे कवि ज्योतिशंकर, गया प्रसाद शुक्ल ''सनेही'', सोहन लाल द्विवेदी आदि देशभक्त संस्कारवादी कवियों ने स्वराज, स्वदेशाभिमान, स्वतंत्रता, सादगी आदि का प्रचार किया था और लोकधर्मी रचनाएं की थी। खादी और चरखा कर्मण्यता के प्रतीक थे और गांधीवाणी अहिंसा और सत्य के महामंत्र थी। सेठ मदन लाल अग्रवाल, सियाराम शरण गुप्त, उदय शंकर भट्ट, जगन्नाथ प्रसाद 'मिलिन्द' आदि कवियों ने रचनाओं के माध्यम से स्वतंत्रता संग्राम को नई गति प्रदान की। रामधारी सिंह ''दिनकर'' ने पूंजीवादी और साम्राज्यवादी उत्पीड़न के विरुद्ध संघर्ष के लिए आवाज उठाई। निराला ने सुप्त जनता को जगाने का काम किया–

जागो फिर एक बार
समर में अमर कर प्राण
सिंधु नद तीर वासी
पशु नहीं वीर तुम, समर शूर क्रूर नहीं

भारतीय वीर सैनिकों का प्रमुख हथियार था तिंरगा झंडा। सन् 1938 में श्यामलाल ''पार्षद'' का झंडा गीत सबके जुबान पर चढ़ गया था-

विजयी विश्व तिरंगा प्यारा
झंडा ऊंचा रहे हमारा।

इसी झंडे को उठाकर भारतीय युवा समाज ''हुंकार'' उठा था–

स्वर को कराल हुंकार बना देता हूं
यौवन को भीषण ज्वार बना देता हूं

एक दिन भारतीय साहित्य का महान मिथक स्वयं बलिवेदी पर चढ़ गया। उसकी वाणी मौन हो गई। कवि दिनकर ने इसलिए लिखा-

तू मौन त्याग कर सिंहनाद, रे तपी! आज तप का न काल
नव युग शंख ध्वनि जगा रही, तू जाग-जाग मेरे विशाल।

हिन्दी के प्रख्यात कवि शिव मंगल सिंह ''सुमन'' ने प्रश्न पूछा- पता नहीं कितनी बार व्यर्थ नमस्कार करते हुए हमने उन्हें विदा दी। क्या वे हमारे द्वार पर आकर फिर खड़े होंगे?

क्या हम जैसे अकृतज्ञों को अपनाएंगे?
ओ, मानवता के सिंधु मंथन के सुधा कलश
अब कितनी सदियों बाद धरा पर आओगे?

राष्ट्रीय स्वतंत्रता आंदोलन की अवधि में रचित हिन्दी का विपुल राष्ट्रीयतावादी काव्य साहित्य त्याग, समर्पण, आत्म बलिदान का अनमोल दस्तावेज है और राष्ट्र की धरोहर है। आज वह उतना ही प्रासंगिक है जितना उसकी रचना के समय था।